Título original inglês: Taming your Inner Brat
© 2001 by Pauline Wallin
First published by Beyond Words Publishing, Inc.
All rights reserved.

Direitos da edição em Português © 2011
Editora Vida & Consciência Ltda.
Todos os direitos reservados.

Direção de arte: Fernando Capeto
Capa e Projeto Gráfico: Fernando Capeto
Diagramação: Cristiane Alfano
Tradução: Nilza Nascimento
Preparação: Mônica Gomes d'Almeida
Revisão: Melina Marin

1ª edição
1ª impressão — abril 2011
5.000 exemplares

Dados Internacionais de Catalogação na Publicação (CIP)

(Câmara Brasileira do Livro, SP, Brasil)

Wallin, Pauline
Tire proveito dos seus impulsos/Pauline Wallin; [tradução Nilza Nascimento].
São Paulo: Centro de Estudos Vida & Consciência Editora, 2010.

Título original: Taming your Inner Brat.
ISBN 978-85-7722-129-5

1. Atitude – Mudança 2. Autoajuda 3. Comportamento – Mudança
4. Comportamento autoderrotista I. Título.

10-10236   CDD-158.1

Índices para catálogo sistemático:

1. Autoajuda : Psicologia aplicada 158.1

Publicação, distribuição, impressão e acabamento
Centro de Estudos Vida & Consciência Editora Ltda.
Rua Agostinho Gomes, 2312
Ipiranga — CEP 04206-001
São Paulo — SP — Brasil
Fone/Fax: (11) 3577-3200 / 3577-3201
E-mail: grafica@vidaeconsciencia.com.br
Site: www.vidaeconsciencia.com.br

Proibida a reprodução total ou parcial desta obra, de qualquer forma ou por qualquer meio eletrônico, mecânico, inclusive através de processos xerográficos, sem permissão expressa do editor (Lei nº 5.988, de 14/12/73).

TIRE PROVEITO
dos seus impulsos

Pauline Wallin, **Ph.D.**

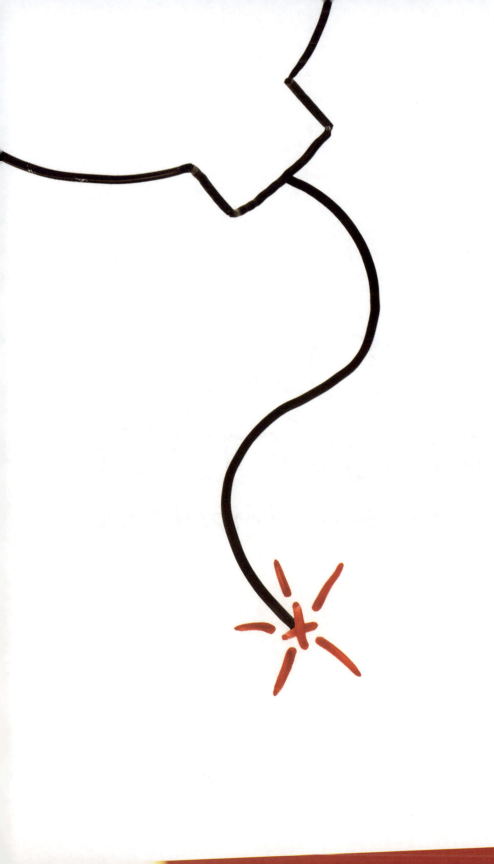

Sumário

Prefácio 07

01. Criança mimada? Quem, eu?! 09

02. O diabinho em ação 25

03. Encare os fatos: a responsabilidade é sua 40

04. Nosso diabinho interior e as forças dentro de nós 52

05. Quando as forças estão em desequilíbrio: a impulsividade ... 68

06. Narcisismo: a origem de um jeito mimado de ser 84

07. Que força tem o seu diabinho interior? 103

08. As várias facetas do diabinho interior 109

09. Características e problemas comuns aos diversos tipos de
impulsos autodestrutivos 124

10. Como identificar o seu diabinho interior: sinais indicativos
de que ele está no controle 143

11. Situações que favorecem a ação do diabinho interior
— como se proteger 153

12. Estratégias para ajudá-lo a controlar o seu diabinho interior ... 175

13. Exemplos de soluções para os seus problemas 195

Conclusão 205

Agradecimentos 206

Notas e referências bibliográficas 207

Prefácio

Por que eu fui dizer isso? Não consigo acreditar que comi tudo aquilo! Onde eu estava com a cabeça? Todos nós fazemos essas perguntas de vez em quando. Cada um de nós já disse ou fez alguma coisa de que se arrependeu depois. E provavelmente continuaremos a fazer muitas vezes mais.

Como psicóloga clínica, trabalhando com todo tipo de gente, casais e famílias por quase trinta anos, conheci milhares de pessoas que lutam contra padrões de pensamento, comportamentos e sentimentos autodestrutivos. Muitas delas poderiam ser consideradas *mentalmente doentes*. Provavelmente elas são iguais a você. A maioria é inteligente e está motivada para mudar; tem controle sobre muitas facetas de sua vida, mas parece não ter controle sobre si mesma; agride os outros, desenvolve comportamentos aditivos como comer, beber ou jogar em excesso; envolve-se em relacionamentos amorosos complicados ou acaba apresentando outros comportamentos autodestrutivos.

Embora desabafar sobre seus problemas seja útil, meus clientes também se beneficiam ao realizar o que chamo de "lições de casa". Essas atividades adicionais à psicoterapia não apenas reforçam o que foi discutido nas sessões, mas também auxiliam os pacientes a compreender mais profundamente como a sua mente funciona e a vivenciar o que é ter, efetivamente, o controle de sua vida. Ao compreender verdadeiramente como acabaram atraindo problemas, as pessoas conseguem reunir forças para encontrar as soluções. Ao adquirir novos conhecimentos e ferramentas para lidar com vários desses problemas, elas, com frequência, se tornam capazes de aplicar essas estratégias em situações futuras.

Uma ferramenta que descobri ser muito útil para meus clientes é o conceito de diabinho interior (também citado neste livro como mimado, pestinha ou criaturinha). Embora não seja um diagnóstico psiquiátrico formal, esse diabinho é responsável por causar uma série de problemas para nós e os que estão à nossa volta. Comecei a usar esse conceito, há alguns anos, como uma forma de ajudar as pessoas a controlarem alguns de seus pensamentos e comportamentos contraproducentes. No início, meus pacientes achavam engraçado, mas depois que perceberam como a ideia da existência de um diabinho interno podia rapidamente colocar os seus problemas em foco, obtiveram ganhos expressivos em mudar seus padrões destrutivos de comportamento.

Daí surgiu a ideia para este livro. Se tomar conhecimento desse pestinha foi algo útil para os meus pacientes, pensei que provavelmente poderia também ajudar muitas outras pessoas. Não é necessário fazer terapia para se beneficiar das ideias e conselhos aqui apresentados.

Caso você frequentemente diga ou faça coisas das quais se arrepende mais tarde, vai se beneficiar com as ideias e conselhos apresentados neste livro. Os capítulos 1 e 2 introduzem o conceito de diabinho interior e as diferentes maneiras como ele afeta a sua vida. Os capítulos 3 e 4 apresentam descrições simples a respeito do funcionamento geral da mente, além de explicarem como a cultura contemporânea estimulou esse comportamento autodestrutivo. Os capítulos 5 e 6 descrevem seus principais componentes: a impulsividade e o narcisismo. O capítulo 7 apresenta um pequeno questionário para ajudá-lo a avaliar o domínio de si mesmo. Os capítulos 8, 9 e 10 ilustram as várias artimanhas utilizadas por esse diabinho que vive dentro de você. O capítulo 11 mostra como diminuir as chances de o mimado assumir o controle sobre você. Caso ele consiga o intento, o capítulo 12 esboça técnicas específicas para contê-lo. Finalmente, o capítulo 13 discute problemas específicos no contexto da impulsividade e oferece sugestões para mudança.

Ao longo do livro, há muitos casos ilustrativos. Por razões de confidencialidade, eles não refletem situações específicas de pessoas que ajudei. Eles são, no entanto, típicos de muitas pessoas com quem trabalhei.

Não é fácil mudar padrões de comportamento, sentimentos e pensamentos autodestrutivos que existem há muito tempo. Entretanto, é possível fazer mudanças, especialmente quando você se propõe a encarar nova perspectiva com as ferramentas certas. Este livro vai lhe proporcionar ampla compreensão dos motivos pelos quais você faz o que faz; e também vai lhe mostrar como promover mudanças positivas e duradouras. Se estiver pronto para o desafio, há uma grande chance de dominar esse pestinha definitivamente.

1

Criança mimada? Quem, eu?!

Na profundeza de nossa psique, reside uma criança endiabrada. Todos nós temos uma criança malcriada dentro de nós, remanescente de nossa infância. Essa criança é responsável pela maior parte das coisas que odiamos em nós mesmos. Vou explicar...

Embora a maioria de nós goste de pensar que somos seres racionais que se comportam de forma lógica e que têm controle sobre as emoções, isso nem sempre é verdade. Algumas vezes perdemos a calma, cedemos às tentações ou dizemos coisas das quais nos arrependemos mais tarde. Nesses momentos, tendemos a culpar os outros ou as situações. Por exemplo, convencemo-nos de que ficamos furiosos porque alguém nos provocou, ou simplesmente porque não pudemos resistir àquela sobremesa de aparência deliciosa, que parecia gritar pelo nosso nome, ou, então, que não pudemos começar a fazer a declaração do imposto de renda porque as crianças estavam fazendo barulho demais, ou porque estávamos resfriados. Todas essas coisas podem parecer desculpas para você. E elas são mesmo. Imagine o quanto você se sentiria abatido se, cada vez que não alcançasse seu desempenho ideal, culpasse a sua pouca força de vontade, seu ataque de egoísmo ou sua pouca disposição.

É muito mais fácil pensar que razões externas são responsáveis pelas suas decisões e pelo seu comportamento, mesmo quando elas não fazem o menor sentido. Afinal de contas, você já foi provocado inúmeras vezes antes e não perdeu a cabeça. Você resistiu a dezenas de sobremesas deliciosas no passado, sem um pingo de tentação. E, na véspera da entrega da declaração, você se debruçou sobre ela — mesmo com o barulho das crianças, a congestão nasal e tudo o mais.

Não, não é a situação ou outras pessoas que fazem você dizer ou fazer coisas das quais se arrepende mais tarde. É algo muito mais forte, é uma força tão poderosa que parece ter vida própria. Quando essa força assume o controle, você pode até sentir que não é o seu *eu normal* que está em ação. Não é o seu *eu verdadeiro* que perde a cabeça e sucumbe às tentações ou à preguiça. É algo dentro de você, mas não é você.

Essa força interna age como uma criança mimada e imatura que exige atenção e satisfação imediatas — um verdadeiro pestinha. Uma criança mimada quer o que quer e quando quer, sem se importar quem será machucado ou o que será destruído durante o processo. Uma criança malcriada também se recusa terminantemente a fazer o que não quer, apesar das consequências. Uma criança mimada se importa realmente consigo própria e em atender às suas necessidades imediatamente.

Se você age dessa forma com mais frequência do que gostaria de admitir, saiba que não é o único. Todo mundo, até mesmo as pessoas mais instruídas, cultas e sensatas, comporta-se de maneira malcriada. Você já viu esse tipo de comportamento acontecer com seus pais, seu chefe, seus ídolos. Algumas pessoas têm consciência da existência desses comportamentos dentro de si, mas muitas não. Nas páginas seguintes, você conhecerá Emily e Dave, duas pessoas que sabem que se comportam de maneira descontrolada, mas não conseguem parar.

EMILY

Emily chegou ao meu consultório em total desequilíbrio. Acontecera novamente: seu marido havia esquecido de lhe telefonar para avisar que iria se atrasar. Quando chegou em casa, Emily estava com tanta raiva que o xingou com todos os palavrões que conhecia e o ameaçou com o divórcio.

Ela estava, agora, em sua sexta sessão de psicoterapia. Àquela altura, compreendera de que forma sua infância havia moldado sua visão de mundo. O humor inconstante de sua mãe era algo de que ela se lembrava muito bem e recordava ter jurado a si mesma de que nunca se comportaria de forma semelhante. No entanto, lá estava ela, gritando com seu marido e filhos pelas menores coisas, para depois simplesmente lamentar-se. Mais ainda, exatamente como a sua mãe, não conseguia desculpar-se por ter perdido a calma. Emily disse: "Sei que deveria contar até dez quando fico com raiva, ou talvez até cem, mas algo acontece dentro de mim. É um impulso incontrolável de ferir a pessoa com quem estou furiosa. Eu sei o que *deveria* fazer e dizer, mas por alguma razão não consigo me controlar. Devo ser louca ou coisa parecida".

Emily não é louca. Ela é uma profissional muito respeitada em seu meio, com experiência considerável em ajudar os outros. As pessoas vão para pedir *o seu* conselho. "Se elas soubessem...", ela refletiu. Na maior parte do tempo, Emily é sensata e afável. De vez em quando, quando os seus alarmes emocionais são disparados, ela parece transformar-se numa criança birrenta de cinco anos de idade, com direito a bater o pé no chão, falar palavrões e gritar irracionalmente. Infelizmente, esses episódios recaem sobre as pessoas com as quais ela mais se importa — a sua família.

ALARMES EMOCIONAIS

Alarmes emocionais são lembranças dolorosas de acontecimentos passados ou de situações que nos causaram medo, raiva ou vergonha. Todos nós temos os nossos próprios alarmes emocionais. Para algumas pessoas, eles podem ter vozes ameaçadoras; para outras, podem incluir experiências de perda, abandono ou humilhação. A experiência de cada pessoa com esses alarmes é única, relacionada a lembranças, história de vida e personalidade de cada indivíduo.

Os alarmes emocionais da Emily estão relacionados aos sentimentos de rejeição que vivenciou quando criança. Sua mãe, uma mulher de gênio difícil, estava sempre pronta a criticá-la, até dos menores erros. Durante seu crescimento, Emily aprendeu que, se tomasse a iniciativa de limpar e aspirar a casa e lavar a louça, sua mãe poderia relevar o fato de seus sapatos não estarem engraxados e brilhando. Ela acreditava que, agradando sua mãe com frequência, algum dia poderia lhe dar um abraço sem nenhum motivo especial, apenas por amá-la. Não é surpresa que Emily tenha se tornado, ao crescer, uma pessoa perfeccionista e sempre alerta aos sinais de aprovação e desaprovação dos outros. Hoje, quando ela se sente sobrecarregada ou desvalorizada, reage como se o mundo conspirasse contra ela.

Um alarme emocional muito comum para muitas pessoas diz respeito a vozes ameaçadoras. Se você cresceu numa família na qual havia muita briga ou maus tratos físicos, você provavelmente, quando criança, sentia-se apavorado com gritos. Afinal, aos sete ou oito anos, uma criança não tem praticamente poder nenhum de acabar com a gritaria. As lembranças dos gritos permanecem para sempre com você. Anos mais tarde, quando um chefe, um companheiro ou qualquer outra pessoa importante em sua vida levanta a voz, você pode reagir com ansiedade ou raiva, num grau desproporcional à situação do momento. Essa reação ocorre porque situações de hoje fazem emergir sentimentos que foram estabelecidos no passado.

Outro alarme emocional comum está associado ao abandono. A maioria dos jovens já se perdeu ou foi separada de seus pais em pelo menos uma ocasião, ou geralmente em mais de uma. Como as crianças têm uma imaginação muito ativa, não é de se estranhar que elas fantasiem que seus pais a abandonaram e não mais voltarão. Esse tema é tão universal que é encontrado em vários mitos e contos de fadas — o mais conhecido deles é "João e Maria".

Na idade adulta, o tema do abandono assume um significado tanto simbólico como literal. Uma pessoa não pode se tornar excessivamente sensível apenas à ausência física de um amigo ou amante, mas também a comportamentos que podem *representar* abandono emocional. Se você se sente extremamente ferido quando alguém não lhe dá atenção suficiente, quando alguém discorda de você ou não lhe compra o presente perfeito, provavelmente você está interpretando tais atos como indicadores de abandono, deserção.

Um terceiro alarme emocional está associado ao sentimento de vergonha e humilhação. Todos nós sentimos vergonha na vida, geralmente desencadeada pela repreensão de nossos pais ou por um vexame em público. A vergonha nos faz sentir não apenas impotentes, mas também inadequados e não amados. Se você fica facilmente envergonhado com brincadeiras inoportunas de amigos, se procura ser mais reservado que a maioria, é possível que um de seus alarmes emocionais tenha relação com experiências humilhantes pelas quais passou na infância.

Há inúmeros alarmes diferentes vivenciados por cada um de nós de maneira única e particular, que dependem das situações a que fomos expostos quando crianças e, mais importante ainda, da maneira como interpretamos tais situações. Dessa forma, duas crianças de uma mesma família podem ter presenciado as mesmas brigas entre os pais, e, entretanto, uma delas, ao crescer, pode não dar importância a gritarias, enquanto a outra leva em consideração e reage exageradamente a isso.

Todos nós temos esses alarmes emocionais, mas na maior parte do tempo eles não representam um problema. Enquanto estamos lidando com nossas atividades diárias, geralmente não nos detemos nessas lembranças dolorosas da infância. Às vezes, alguém dirá ou fará algo que nos recordará uma situação emocional extremamente forte do nosso passado. Bum! Isso imediatamente provocará sentimentos semelhantes àqueles que tivemos na situação original. Geralmente acontece tão rapidamente que a maior parte de nós não toma consciência da conexão entre os sentimentos atuais e os acontecimentos passados.

Quando nossos alarmes são disparados, reagimos intensamente, seja com sentimentos fortes, como a raiva e o ódio, seja com comportamentos que envolvem autogratificação indulgente. Por exemplo, algumas pessoas perdem a cabeça ao primeiro sinal de frustração, enquanto outras se voltam para o cigarro, o álcool ou o alimento. Tal comportamento autoindulgente é visto por alguns especialistas em saúde mental como uma fuga a certos sentimentos não aceitáveis. De qualquer forma, extravasar nossos sentimentos sobre alguém, ou então ser tolerante consigo mesmo, é um meio de alívio imediato para o desconforto interno. Assim como os bebês e as crianças não suportam ficar com fome, frio, molhadas ou ser ignoradas, nós, adultos, geralmente agimos como se não pudéssemos tolerar as emoções daqueles alarmes que são disparados dentro de nós.

Ficamos particularmente vulneráveis ao acionamento de nossos alarmes emocionais quando nos sentimos excessivamente estressados ou frustrados. Nesses momentos, não é preciso muito para nos descontrolarmos. No caso de Emily, enquanto ela dava banho em seu bebê Jeremy, pensava em colocar algumas forminhas de bolo no forno para assar, para a festa do dia seguinte na escola de seu filho mais velho, e em limpar a cozinha depois. Então, ela se lembrou de que tinha de terminar um relatório de trabalho para o dia seguinte. "Como vou conseguir fazer tudo isso e ainda ir dormir antes da meia-noite?", perguntou a si mesma desesperada. Nesse exato momento, Jeremy arremessou seu patinho de borracha para o alto e, quando ele caiu de volta na banheira, esparramou água pelo chão e em cima dela. Jeremy gritava de entusiasmo, mas para Emily aquilo significava mais trabalho ainda, além do que já havia previsto para aquela noite. Sem pensar, Emily gritou com Jeremy por ter feito aquela bagunça e o retirou da banheira de forma estúpida.

Se Emily tivesse parado um momento para avaliar a situação de maneira racional, ela poderia ter reagido de forma bem diferente, ter desfrutado da alegria de seu filho. Mas ela estava se sentindo estressada e tão absorta em seus próprios problemas, que não conseguia enxergar nada além deles.

A reação de Emily foi puramente emocional e impulsiva. Podemos classificá-la como irracional, ou seja, comportamento não baseado na lógica ou na razão. Sob estresse e frustração, a maioria das pessoas se comporta irracionalmente. Em vez de discutir um assunto, grita e sabota. Em vez de ouvir o que a outra pessoa tem a dizer, limita-se a censurar e a xingar. Esse comportamento é normalmente bastante egocêntrico e mais típico de uma criança pequena que de um adulto maduro.

Todo mundo se comporta assim, até os mais maduros e sensatos. Isso acontece porque a força irracional é muito poderosa. Ela se origina de emoções e instintos primitivos com que nascemos. Essa força exige atenção ou alívio imediatos ao desconforto, ou gratificação instântanea. É o que chamo de *diabinho interior*.

Os sociólogos e profissionais da área médica deram nomes pomposos para a tendência que as pessoas têm de ceder ao impulso do momento: baixa tolerância à frustração; fraco controle do ego;

dificuldade em postergar a gratificação; lacuna de superego; e muitos outros. Embora tais rótulos possam ser úteis quando feitos determinados diagnósticos, não significam muito para o indivíduo médio. Por outro lado, a maioria de nós tem uma boa noção do que é uma criança mimada. Uma criança mimada é geralmente uma criança que quer o que quer, quando quer; não aceita um "não" como resposta. Se ela não consegue o que deseja, grita, esperneia, fica amuada e continua assim até que alguém ceda. Não há necessidade do uso de um jargão psiquiátrico quando temos um termo comum perfeitamente adequado para descrever nossos impulsos exigentes e egocêntricos.

DAVE

Esse diabinho é responsável por muitos comportamentos ligados ao vício. Vejamos o caso de Dave, um programador de computador de 34 anos que se orgulha de ser racional e lógico. No trabalho, é conhecido por sua paciência em prever e resolver problemas de computador. Mas, na sua vida pessoal, parece não encontrar solução para o seu vício de fumar.

Durante a faculdade, Dave começou a fumar. Ele imaginou que aquilo seria apenas temporário e duraria até se graduar. Como a maioria dos jovens, sentia-se confiante de que poderia parar de fumar assim que adentrasse o mundo "sério" do trabalho. Infelizmente, assim como a maior parte das pessoas que começa a fumar, ele descobriu que romper com aquele hábito era muito mais difícil do que imaginava. Durante os últimos meses, Dave tentou diversas vezes parar de fumar. Tentou terapia comportamental, gomas de mascar com nicotina, adesivos de nicotina e até drogas antidepressivas recomendadas para essa finalidade. Nada ajudou. Ele descreve isso da seguinte maneira: "Não sei o que me impulsiona a acender um cigarro. Sou uma pessoa sensata. Quero parar de fumar. Consigo pensar em dez mil razões para deixar de fumar, mas nem um motivo lógico para continuar. Apesar disso, começo a pensar no cigarro e o pensamento torna-se cada vez mais forte. Logo, não consigo pensar em mais nada. Eu *tenho* de fumar aquele cigarro; não consigo me concentrar em mais nada até acender um e acabar com ele".

Dave está cara a cara com sua criança mimada. Ela chama a sua atenção e não desiste até ser satisfeita. Ela o faz lembrar do quanto ele *precisa* daquele cigarro e de que não há nada mais importante que satisfazer aquele desejo *naquela hora*. Dave sente-se perdido a respeito de como lidar com esse impulso. Na presença desse desejo ardente, toda a lógica parece sair voando pela janela.

Podemos todos nos solidarizar com Dave. Se nosso desejo não é por um cigarro, talvez seja pelo álcool ou pelo chocolate. Alguns de nós estamos também mergulhados em atividades que sabemos que não fazem bem, como comer demais, jogos de azar, compras excessivas ou passar tempo demais na internet. Cada vez que fazemos algo que sabemos não ser bom para nós, nosso diabinho está em ação. Ele nos instiga: "Vá em frente e tome aquele sorvete. Está um dia quente. Você merece um agrado". Ele nos diz: "Só mais um drinque, e será o último". Ele nos alerta: "Hoje é o último dia da liquidação de sapatos. Você tem montes de sapatos, mas esses são especiais. É melhor agarrar logo vários pares antes que alguém o faça".

O IMPACTO DESTRUTIVO DO SEU DIABINHO

Esse pestinha interior pode ser bastante destrutivo. Quando Emily perde a calma, seu marido e seus filhos gravam sua voz penetrante e suas palavras rudes por muito tempo, mesmo após ela ter se acalmado e esquecido do incidente. Cada vez que Dave se rende ao desejo por um cigarro, ele se sente envergonhado e fraco. Adultos maduros odeiam pensar que não têm autocontrole. Sempre que seu interior mimado está no comando, nós estamos à mercê de impulsos emocionais desgovernados, o que pode trazer sérias consequências para nós e para aqueles à nossa volta.

Neste livro, você aprenderá mais sobre essa força que age dentro de você, a qual chamo de *diabinho interior*. Você aprenderá como reconhecê-lo e como minimizar o seu impacto; também perceberá que — mesmo tendo uma infância infeliz, em que não teve as mesmas oportunidades que seus colegas, que não foi tão inteligente ou atraente como outras pessoas que conhece — pode superar hábitos e comportamentos autodestrutivos.

DE ONDE VEM ESSE DIABINHO?

É evidente que não há nenhuma criança malcriada real dentro de nossas cabeças. O termo *diabinho interior* é apenas uma maneira conveniente de descrever um conjunto de pensamentos, sentimentos e comportamentos. Origina-se de sentimentos e comportamentos que vivenciamos e experimentamos quando bebês e crianças. Toda criança comporta-se, às vezes, de uma maneira exigente e insensata. Os diabinhos são aqueles que se comportam frequentemente dessa maneira. Os verdadeiros mimados não nascem assim; são criados assim. Seus pais cometem o erro comum de se render às exigências dessas crianças, só para ter paz e tranquilidade. Você provavelmente já viu esse tipo de criança com os pais nos corredores dos supermercados. São aquelas que choramingam ou discutem porque querem certos tipos de cereais ou biscoitos. Primeiramente os pais dizem não, mas quando as crianças começam a protestar em voz alta, os pais cedem, só para que elas sosseguem.

Em casa, essas mesmas crianças desafiam seus pais quando se trata de seguir regras, como horário de ir para a cama, e de aceitar um "não". Se os pais não forem consistentes na aplicação das regras e em suas consequências, as crianças aprenderão que, se protestarem de modo a chamar atenção por bastante tempo, conseguem o que desejam.

Assim se inicia o ciclo. Os pais, ao se darem conta de que, ao ceder às exigências dos filhos, na verdade os recompensavam pelos resmungos, estados de mau humor ou berros, percebem que o esforço para voltar será imenso.

Nem toda criança se torna malcriada. Se os pais resistirem e não cederem às demandas de seus filhos, os pequenos finalmente aprenderão a esperar a sua vez, a colocar o trabalho antes da brincadeira e a controlar a raiva. Isso leva vários anos e, é claro, não funciona em todas as situações. À medida que as crianças vão se desenvolvendo para se tornarem adultas, espera-se que elas exercitem cada vez mais o autocontrole. Os sinais da maturidade são: manter-se tranquilo em momentos de estresse, saber quando ser generoso, quando cuidar de si, e ter consciência de como arcar com o ônus de suas transgressões.

De fato, não importa o quão amadurecido nos tornamos, pois ainda restarão vestígios das nossas emoções primitivas e das velhas reações impulsivas. No profundo de nossas lembranças, está a época de nossa tenra infância, quando realmente conseguíamos o que queríamos, geralmente choramingando ou berrando. Quando essas lembranças são ativadas, nenhum de nós consegue ser tão calmo ou tão maduro a ponto de não reagir de uma maneira exageradamente emocional. De tempos em tempos, todos nós sentimos aquela tão familiar e esmagadora sensação de urgência a respeito de algo trivial.

Aquela nossa parte que nunca amadureceu é mais uma particularidade do diabinho interior, que só consegue se concentrar em uma coisa de cada vez. E quando ele se concentra, pode ser implacável. Assim como uma criança mimada, ele nos distrai, nos importuna e tenta fazer o que for preciso para conseguir o que deseja. E também não gosta de esperar. Quanto mais longa é a espera, por mais tempo e de forma mais intensa temos de *pagar*. Quando finalmente cedemos ao nosso diabinho interior, inconscientemente aumentamos a probabilidade de que ele tente usar essas mesmas táticas da próxima vez, só que de forma mais intensa, a fim de conseguir nossa atenção mais rapidamente.

Lembra-se de Emily, a mulher que despejou a sua raiva sobre a família? Seu diabinho não teve paciência. Convenceu-a de que a ausência do telefonema de seu marido era um ato deliberado de desrespeito, que devia ser revidado, e que aquela brincadeira da banheira, de esparramar água para todo lado, era somente para lhe acrescentar mais trabalho.

Considere o exemplo de Dave, o autoproclamado homem racional que não conseguia resistir ao cigarro. A criança malcriada que existia dentro dele mantinha seu pensamento concentrado em fumar, no alívio tensional momentâneo que o cigarro poderia lhe trazer. Finalmente, ele se rendia a esse pestinha porque a tensão causada pelo esforço de ignorá-lo era opressiva. Simplesmente fumar e liquidar aquele cigarro idiota o facilitaria a continuar tocando o dia.

Para resumir o que foi visto até aqui: o diabinho interior é uma parte de nós que nunca amadureceu. É um resquício de nossa infância que sempre permanecerá conosco. Quando nossos alarmes emocionais são disparados, esse malcriado reage impulsiva e intensamente, com o objetivo de obter a satisfação imediata das suas necessidades. Consequentemente, pode causar tanto o nosso caos e destruição, como daqueles à nossa volta.

SE O DIABINHO NÃO EXISTE DE VERDADE, PARA QUE IMAGINÁ-LO?

Imaginar que existe um diabinho dentro de nós serve a várias funções importantes: ajuda a acrescentar objetividade, preservar a autoestima, diminuir a dimensão dos problemas, além de ser um caminho mais curto e eficaz para lidar com certos problemas. Pesquisas mostram que, quando você mantém certa distância ou objetividade, lida com os problemas de maneira mais eficaz. É por isso que os médicos são aconselhados a não tratar dos membros de sua própria família, e diz-se que "um advogado que representa a si mesmo tem um tolo como cliente". Pela sua experiência pessoal, você deve saber que é mais fácil ver defeitos nos outros do que em si mesmo. Ao visualizar as suas características indesejáveis como pertencentes a uma entidade, como o seu pestinha interior, você ganha um distanciamento que o ajuda a ver as coisas com mais clareza. Ao mesmo tempo, você ainda mantém a responsabilidade pelo problema. Ao classificar seus pensamentos e comportamentos como um produto desse ser interior, você não tem de responsabilizar ninguém mais.

Uma segunda vantagem no uso desse conceito do diabinho interior é que ajuda a preservar sua autoestima, ao usar a ideia de uma entidade que está em seu íntimo para representar algumas das características que menos gosta em você, mesmo que consiga vê-las separadas do seu *verdadeiro eu*. Dessa forma, você ainda consegue ver-se como uma pessoa razoável e essencialmente gentil, embora com uma criança irritante que, às vezes, interfere em sua vida. Isso será descrito em detalhes no capítulo 3.

Considerar os pensamentos, sentimentos ou comportamentos problemáticos como pertencentes a essa criança incômoda minimiza as atribulações. É mais fácil decidir o que fazer com uma criança mimada do que se sentir à mercê de forças internas desconhecidas e poderosas.

Finalmente, usar a ideia da existência de um diabinho interior é um atalho eficaz para se definir um problema, decidir o que fazer com ele e agir. Quando se utiliza a ideia de um diabinho para descrever o que não gosta em você, imediatamente se concentra na essência de como você sabota suas melhores intenções. Não há necessidade de uma análise aprofundada do que você estaria pensando ou sentindo, pois reconhece instantaneamente o seu significado quando chama algumas partes suas de "mimadas".

DIABINHO INTERIOR *VERSUS* CRIANÇA INTERIOR

Há anos que vários livros são publicados sobre essa *criança interior*. John Bradshaw (1990), Charles Whitfield (1987), Alice Miller (1983) e outros profissionais utilizaram essa expressão para descrever o nosso "eu" verdadeiro que é espontâneo, criativo e infantil. Supostamente, esse eu verdadeiro é reprimido e enterrado quando nossos pais nos maltratam ou falham em cuidar adequadamente de nós. No lugar desse "eu espontâneo", emerge um "eu ferido", que é a origem de todo nosso sofrimento emocional, problemas de relacionamento e comportamentos de adição. No início deste capítulo, na seção sobre alarmes emocionais, descrevi alguns cenários em que as pessoas podem desenvolver sentimentos de medo, abandono, vergonha e humilhação. Tais vivências são um prato cheio para os estudiosos que propuseram a teoria da criança interior.

A tarefa principal do trabalho terapêutico com a criança interior consiste em reconhecer o sofrimento infligido pelos pais ou responsáveis e permitir sentir toda essa dor. Por meio desse processo, somos impelidos a vivenciar novamente a raiva, a solidão, a tristeza e outras emoções intensas que supostamente reprimimos quando crianças. Muito desse trabalho com a criança interior é feito em terapia de grupo, que geralmente se torna muito emocional, com muito choro, abraços e consolo.

Em geral, as pessoas se revezam dando depoimentos sobre as ofensas e indignidades que sofreram nas mãos de seus responsáveis. Raiva contra um dos genitores não é apenas aceita, mas é, principalmente, estimulada. Durante os momentos de raiva contra os pais, os participantes do grupo recebem declarações de que são dignos de amor, independentemente do quanto tenham sido oprimidos na vida.

Não sou contra as pessoas aprenderem a amar a si próprias, mas acreditar que a maior parte de seus sentimentos e ações inaceitáveis foram causadas pelos seus pais apenas as torna mais impotentes e lhes dá uma boa justificativa para eximir-se da responsabilidade de seus atos.

O objetivo final desse trabalho com a criança interior é revelar o eu espontâneo e criativo, para que a pessoa se livre de pensamentos e comportamentos que atrapalham relacionamentos harmoniosos.

Ocorre que muitas delas ficam presas a esse processo de aliviar a mágoa. Levando em conta o foco da terapia da criança interior, esse resultado não surpreende. Embora a proposta inicial seja a de revelar e examinar a raiva e outros sentimentos extremamente negativos, é muito difícil ir além da dor. Além disso, o processo de grupo e de terapeutas bem intencionados torna tais sentimentos válidos e necessários.

Consequentemente, muitas pessoas gastam meses, e até anos, discorrendo sobre os maus-tratos sofridos na infância. Na busca pela autoestima, essas pessoas podem nunca se livrar do sentimento de vítima.

Como escreveu Don Henley, numa canção popular de 1994, *Get over it* [Supere isso], todo mundo experimentou o sofrimento quando criança. Pode ser verdade que seu pai tenha batido em sua mãe ou em você. Mas isso não explica necessariamente porque você continua a beber ou comer demais, a perder a cabeça ou a ter outros comportamentos destrutivos. Não explica porque você continua a sentir pena de si próprio ainda hoje. O que perpetua tais comportamentos e pensamentos é o fato de você se permitir continuar a tê-los.

Cientistas do comportamento demonstraram que não é sempre necessário ter conhecimento total da origem do mau humor ou dos maus hábitos para poder mudá-los. O conhecimento ajuda a compreender o seu problema num contexto mais amplo, mas apenas o *estalo* não é o suficiente para promover mudanças. As pessoas que procuram descobrir sua criança interior, de maneira geral, acabam com mais desculpas do que soluções para seus problemas.

Como você pode ver, o diabinho interior é bem diferente da criança interior. Ele é simplesmente tão "real" em nossa história pessoal como o nosso eu espontâneo e criativo. Assim como a criança interior, o diabinho se desenvolveu nas experiências e reações reais àqueles que cuidaram de nós. No entanto, não é algo que procuramos nutrir. É importante conhecê-lo, mas o objetivo final é destituí-lo de sua posição de importância em nossas vidas e colocá-lo em segundo plano, a fim de minimizar sua interferência.

A abordagem da "criança interior" põe ênfase em nossos alarmes emocionais e suas origens. Ela amplifica o impacto das experiências negativas, fazendo nos sentir quase impotentes para lidar com esses conteúdos negativos. O diabinho interior, por outro lado e em parte, representa a maneira como reagimos quando os nossos alarmes emocionais são disparados. E sobre isso *temos* controle.

A CRIANÇA INTERIOR *VERSUS* A FERA

A ideia da existência de uma "Fera" primitiva em nossa mente foi desenvolvida por Jack Trimpey. Ele próprio, um ex-alcoólatra, opõe-se ferrenhamente à visão dos Alcoólicos Anônimos, que retrata o viciado como uma vítima impotente de uma doença. Trimpey estabeleceu uma abordagem chamada *Recuperação Racional*, como uma alternativa aos Alcoólicos Anônimos. Em suas palestras e livros (o mais recente deles é *Rational recovery: the new cure for substance addiction*[1]), Trimpey afirma que o conceito de doença para o comportamento de vício serve apenas para perpetuar a ideia de responsabilizar qualquer outra coisa, além da própria pessoa, por ter se viciado. Ele introduziu os conceitos de *Voz do Vício* e *Fera* para nos mostrar como nos rendemos a impulsos biológicos que nos falam em tons sinistros.

De acordo com sua abordagem, as pessoas são seres racionais que podem dominar impulsos biológicos por meio da força de vontade e da determinação. A abordagem da Recuperação Racional vem ganhando aceitação crescente no campo das adições, porque ela trabalha fortalecendo o indivíduo em vez de lhe dizer que é uma vítima permanente de uma doença.

O conceito desse pestinha é semelhante à "Fera" de Trimpey, mas posteriormente salientarei as diferenças. Tanto a Fera como o diabinho são maneiras convenientes de dar forma ao nosso lado obscuro, mas a Fera de Trimpey é retratada como má, enquanto o diabinho interior é essencialmente imaturo. Ele não precisa ser destruído, mas, simplesmente, domesticado.

OUTRAS TEORIAS A RESPEITO DA INFLUÊNCIA DA INFÂNCIA

A noção de que somos influenciados pelas lembranças, pensamentos e comportamentos da infância não é nova. Durante séculos, filósofos, poetas e romancistas observaram semelhanças entre a personalidade dos adultos e seus temperamentos na infância. Na década de 1920, Sigmund Freud foi o primeiro a propor uma teoria da motivação inconsciente, na qual ele afirmava que experiências esquecidas da infância influenciavam as percepções e decisões das pessoas. Carl Jung, contemporâneo de Freud, encontrou evidências de que certas maneiras de pensar e reagir podem ser herdadas de gerações passadas.

A ideia de que nossas personalidades são mais do que um conjunto de pensamentos e sentimentos também foi explorada com atenção. Alguns livros, tais como o best-seller *Eu estou OK, você está OK*, escrito por Thomas Harris (1973), baseiam-se nos princípios da Análise Transacional, criada por Eric Berne. Essa teoria propõe que todos nós temos três *estados de ego* denominados, por Berne, Pai, Adulto e Criança. Eles representam os vários papéis que assumimos ao interagir com outras pessoas. Os estados do ego derivam de nossas experiências e observações.

A expressão *diabinho interior*, como é empregada neste livro, não está inteiramente relacionada com a criança interior, discutida pelos profissionais da área de dependência química e vício. É parecido ao estado de ego infantil apresentado por Berne, que guarda alguma semelhança com as motivações inconscientes descritas por Freud e com a Fera de Trimpey.

Algumas das ideias e métodos apresentados neste livro originam-se dos conceitos de Freud, Jung, Berne e outros, que serão apresentados mais detalhadamente no capítulo 4.

RESPONSABILIDADE PESSOAL

Anteriormente, neste capítulo, eu comentei que os pais podem criar mimados pelo excesso de tolerância. Os pais não são totalmente responsáveis pelos nossos diabinhos interiores. Nós criamos e nutrimos nosso interior, utilizando os métodos pelos quais alguns pais, inadvertidamente, estimulam seus filhos a tornarem-se egoístas e rebeldes. Ao tolerarmos nossa criança mimada durante alguns anos, nós lhe damos apoio, contribuindo para que cresça e ganhe força sobre nós.

Mesmo que seu diabinho pareça ter dominado a sua vida, ainda há esperança. Afinal de contas, é o seu cérebro que decide o que sai de sua boca e o que você faz com os seus membros. Só porque a sua criança interior está exigindo atenção, isso não significa que você não consiga resistir a ela. Neste livro, você aprenderá várias técnicas para domar esse seu lado mimado. Poderá levar algum tempo e exigirá certa prática, mas você é mais forte do que ele.

No próximo capítulo, você vai se familiarizar com o impacto de sua criança malcriada no dia a dia. Nosso comportamento mimado não é causado por forças externas. O diabinho está lá, dentro de nós, esperando uma oportunidade para se expressar. Entretanto, se nós o conhecermos, poderemos dominá-lo e, com isso, obter uma sensação mais forte de controle sobre nossa vida.

2

O diabinho em ação

É lá nos recônditos de nossas mentes, sempre prontos para satisfazer suas próprias vontades e desejos, que se encontram os pestinhas de cada um de nós. Sempre que nos depararmos com uma situação frustrante ou com uma oportunidade de testar nossa vontade, essa criança mimada usará de uma variedade de táticas e manipulações para obter satisfação imediata. Ela é responsável por muitas das coisas que odiamos em nós. Frequentemente, o diabinho nos influencia a dizer coisas que mais tarde lamentamos, simplesmente porque ele não consegue tolerar nem mesmo uma pequena frustração. Representando desejos e impulsos primitivos, esse pestinha quer o que quer, quando quer, sem pensar nas consequências.

Esse diabinho opera em três esferas principais: pensamentos, sentimentos e comportamentos; ele conversa conosco, algumas vezes num tom gentil e persuasivo, noutras num tom exigente e urgente, e, em outras, num tom ameaçador. Embora geralmente não ouçamos sua voz real, percebemos os pensamentos percorrendo nossa mente. Quando nos pegamos justificando nossos comportamentos ou emoções, lá está o diabinho tentando nos convencer de que estamos certos, embora nossa razão saiba que é o contrário. Quando resmungamos para nós mesmos ou nos fixamos na injustiça de uma situação, é a nossa criança mimada que nos mantém focados em nossa condição negativa.

A maioria dos pensamentos desse pestinha é acompanhada de sentimentos desagradáveis. Geralmente, esses pensamentos são vivenciados como irritabilidade e uma sensação de urgência. Vivenciamos tais sentimentos não apenas em nossa mente, mas também em nosso corpo. Cada emoção tem uma sensação básica associada a ela, mas nem todo mundo experimenta o mesmo tipo de reação física. Por exemplo, algumas pessoas sentem o coração disparar. Outros sentem um aperto na garganta, no peito ou no estômago. Outros, ainda, sentem fraqueza ou tensão nos músculos dos braços e das pernas. Assim como os alarmes emocionais variam de uma pessoa para outra, também os componentes físicos das emoções variam.

As sensações físicas não são limitadas às emoções conectadas apenas com o diabinho. Elas ocorrem com todos os tipos de sentimento, como ocorre quando uma pessoa está excitada, assustada ou muito arrebatada. As sensações físicas podem também ocorrer em resposta a certos medicamentos ou como consequência de um estado de saúde. Essas reações são o que chamamos de não específicas. Isto é, ocorrem em muitas circunstâncias diferentes e não são necessariamente diagnósticos de nada em especial. Elas simplesmente refletem um estado de excitação física ou emocional. O corpo se torna despertado por qualquer estímulo forte que pode ser tanto físico (como, por exemplo, uma dor de garganta) como emocional (por exemplo, raiva). Uma vez que o diabinho provoca algumas reações emocionais, essas também são acompanhadas de sensações físicas.

Além de se intrometer em nossos pensamentos e sentimentos, o diabinho também opera em nosso comportamento. Ele se revela quando nos engajamos em atividades que nos são prejudiciais, como fumar, beber, usar drogas e jogar. Está por trás tanto do comer excessivo e gastar mais dinheiro do que se tem, como do protelar e arrumar desculpas. O pestinha aparece também nos comportamentos que prejudicam outras pessoas, tais como acessos de raiva, mau humor e sarcasmo. Muitos casos extraconjugais se devem a ele. Em geral, as partes envolvidas preveem que seus companheiros serão magoados, mas racionalizam essas circunstâncias, a fim de satisfazer seus próprios desejos. Sempre que nos comportamos de uma forma que condenamos no proceder de outros, provavelmente é porque cedemos aos caprichos de nossa criança mimada.

Neste capítulo, você conhecerá algumas pessoas que permitiram que seu diabinho interior assumisse o controle. As identidades dessas pessoas e as circunstâncias específicas foram alteradas para garantir o sigilo, mas os problemas básicos são reais.

COMO O SEU DIABINHO INTERIOR PENSA

Durante a última semana e meia, Neil esteve focado em sua dificuldade. Ele tinha certeza de que, quando o chefe pedisse para fazer um resumo de seu trabalho do último ano, seria promovido a vice-presidente. Animado pelas perspectivas, Neil compartilhou suas previsões positivas com a família e amigos. E aí veio a bomba: ele havia perdido a posição para Maggie, uma gerente de outro departamento. Embora não conhecesse direito as qualificações de Maggie, Neil tinha certeza de que ela fora promovida por ser mulher. "Não é justo", ele resmungou para si mesmo. "Eu dei o sangue, o que preciso fazer mais para demonstrar? Maggie simplesmente aparece por aqui, dá beijos em todo mundo, no presidente, e rapidamente está lá em cima. E agora eu tenho de contar a todos que sou um fracasso. De que adianta tentar mais?" Neil está amargo. Com a ajuda de seu diabinho interior, ele enumera todas as razões que justifiquem sua amargura. Quanto mais ele se fixa nisso, mais se convence de que todo aquele negócio de promoção foi orquestrado para humilhá-lo.

A criança malcriada de Neil não quer que ele considere as razões lógicas pelas quais Maggie recebeu a promoção: ela estava na empresa três anos a mais que Neil (num escritório em outro local) e tinha liderado um departamento com o dobro de pessoas. Além disso, havia aberto um novo ramo de negócios para a empresa. O diabinho interior de Neil não queria considerar isso. Tudo o que ele sabia era que Neil e o presidente haviam jogado golfe juntos, e que suas esposas eram boas amigas. Aquilo era o suficiente para fazer com que seu pestinha se fixasse na injustiça de tudo aquilo.

No outro lado da cidade, os pensamentos de Jenny eram influenciados por ele. Aos dezesseis anos, ela não só era a garota mais popular da classe, como também tinha boas notas e muitos amigos... ou pelo menos pensava que era assim. Um dia, na hora do almoço, ela escutou um grupo de garotas conversando sobre a festa que tinham ido no fim de semana anterior. Aparentemente, muitas das pessoas que ela conhecia haviam estado lá, mas ela não havia sido convidada. Quando ela abordou o grupo, todo mundo parou de falar. Duas meninas sorriram de maneira vaga. Jenny não sabia se as cumprimentava ou ia embora.

Nesse momento, o sinal soou, avisando do término do horário do almoço, e o grupo se dispersou, evitando olhar para Jenny. Ela se sentiu entorpecida. Caminhou para o seu armário, pegou os livros das aulas da tarde e nem sabe como conseguiu chegar à sala de aula. Durante as aulas de biologia e história, não conseguiu pensar em outra coisa além daquela festa. Seu diabinho interior a manteve concentrada no quanto todos deviam odiá-la. Convenceu-a de que ela devia ser um fracasso para ser excluída daquele evento social. Jenny se pegou tramando uma vingança àquelas garotas que a haviam traído, não mencionando a festa de antemão.

A criança malcriada de Jenny não conseguia superar o fato de ter sido excluída da festa. Ela se concentrou nesse simples detalhe como prova de que as outras pessoas não gostavam dela. Logo, ela persuadiu Jenny a acreditar que até mesmo aqueles que pareciam gostar dela estavam apenas fingindo por terem pena dela. Se Jenny não tivesse dado atenção ao seu diabinho interior, não teria dado ênfase às suas deficiências e sentido necessidade de atacar aquelas pessoas que, agora, percebia como inimigas.

A criança mimada fica com ciúme, ressentida e zangada. Quando ela não gosta do que está acontecendo, começa a reclamar, murmurar e até mesmo gritar dentro de sua cabeça. Quando você se pega repetindo e repetindo algo que parece injusto e difícil de lidar, é porque seu pestinha está engajado num extenso monólogo. Quanto mais permitir que ele enfatize qualquer dificuldade com a qual esteja se deparando, mais acabará sentindo raiva, ressentimento ou pena de você mesmo.

COMO O SEU DIABINHO INTERIOR SENTE

Os sentimentos do diabinho interior estão diretamente relacionados com os pensamentos dele. Um afeta o outro. Por exemplo, quando

Neil não conseguiu a promoção, ele não só se fixou na sua percepção dos fatos, como também se sentiu enciumado e humilhado. Esses sentimentos, em troca, estimularam mais pensamentos de autopiedade. Quanto mais ele sentia pena dele mesmo, mais pensava em todas as razões que justificassem seus sentimentos. Semelhante a quando Jenny escutou as garotas conversando sobre a festa e percebeu que não havia sido convidada, sentindo-se, assim, rejeitada. Durante o resto da tarde, sua criança birrenta lembrou-a de várias razões pelas quais ela foi rejeitada. Planejar uma vingança contra as meninas era o modo como seu diabinho tentava empatar o jogo.

Os sentimentos do diabinho interior incluem raiva, ciúme, inveja e autopiedade. Enquanto os três últimos são dirigidos à própria pessoa, a raiva é, frequentemente, dirigida a terceiros. Todos esses sentimentos têm efeitos negativos, não apenas por causa deles mesmos, mas também pelos pensamentos e ações que eles geram. Quando nosso pestinha tem um acesso de raiva ou se chateia com alguma coisa, ele nos mantém com um olhar negativo. Se nós permitirmos que o diabinho comande nossos pensamentos com muita frequência ou por longo tempo, não apenas desenvolveremos um problema de atitude, mas também nossa saúde poderá estar em jogo. Pensamentos e atitudes negativas prolongadas afetam os hormônios do estresse e a capacidade de lutar contra as doenças. As pesquisas demonstram tanto conexão entre atitudes negativas e certas enfermidades, como lentidão na cura.

Uma nota de advertência: é importante distinguir estados de humor negativo temporários daqueles que duram semanas ou meses. Se você se pegar enfatizando o negativo na maior parte do tempo, isso pode ser mais do que a sua criança birrenta se manifestando em seu íntimo. Sentimentos negativos crônicos são sinais claros de depressão. Se, junto com os sentimentos negativos constantes, você também se sentir cansado ou desmotivado, triste sem nenhum motivo, tiver problemas com a comida ou com o sono, ou então permanecer a maior parte do tempo nervoso, você pode estar sofrendo de depressão. Além disso, esse quadro pode refletir certos problemas de saúde. Se você tiver os sintomas aqui descritos, vale a pena consultar um médico ou um profissional de saúde mental.

COMO O SEU DIABINHO INTERIOR AGE

Hábitos relacionados ao vício.

Um dos efeitos mais comuns da atuação do diabinho interior surge num comportamento marcado por vícios e hábitos prejudiciais. Vimos um exemplo disso no Dave, em seu hábito de fumar. Seus esforços para deixar de fumar eram continuamente sabotados pela sua criança mimada, que mantinha sua mente naquilo que desejava e o convencia de que ele merecia — ou melhor, *precisava* — de um cigarro. Seus pensamentos tornaram-se preocupados em encontrar, acender e fumar um cigarro, a ponto de todos os outros serem postos de lado. O diabinho continuava conversando com ele, incomodando--o, exatamente como qualquer criança mimada faria.

Kellie conhece muito bem o seu pestinha. Ela quase sempre está de dieta. Ela brinca que perdeu 125 quilos, embora sejam os mesmos cinco quilos, 25 vezes. Começar uma dieta não representa problema algum para ela. Em seu trabalho, como professora de ginástica, é fundamental que pareça saudável e em boa condição física. Quando as saliências sob sua malha de ginástica não podem mais ser escondidas, ela toma pílulas para emagrecer e entra numa maratona de exercícios e fome que dura cerca de três semanas.

Ao mesmo tempo em que prega a importância da moderação saudável a suas clientes, Kellie está estressando seu corpo com uma redução drástica de calorias e exercícios extenuantes. Ela consegue resultados rápidos, mas precisa de muita maquiagem para esconder as linhas de fadiga de seu rosto. Durante o processo de dieta, é implacável em sua autodisciplina. Embora seu pestinha tente lembrá-la do sabor delicioso do chocolate, ela não presta atenção. As pílulas para a dieta aliviam a sensação de fome (embora a deixem bastante irritadiça), e seu treino de três horas diárias de exercício a deixam cansada demais para conseguir fazer mais do que trabalhar e dormir.

O problema de Kellie com seu diabinho interior começa depois de perder seus cinco quilos e parar de tomar as pílulas inibidoras de apetite — exatamente quando retoma seu esquema normal de vida. Geralmente, depois da perda de peso, ela promete a si mesma que não deixará os quilos voltarem. Jura comer apenas alimentos saudáveis, evitar porcarias e exercitar-se com moderação, exatamente como recomenda às suas clientes. Mas, primeiro, depois daquelas semanas de privação espartana, Kellie se sente no direito de receber um pequeno agrado. E é aí que seu diabinho interior dá as caras. Ela se recorda de todas as calorias queimadas nas últimas semanas e se assegura de que somente alguns biscoitos não afetarão seu peso. Já que são necessárias 3.600 calorias excedentes para ganhar dois quilos de peso corporal. Kellie ouve seu diabinho e concorda que pode comer vários biscoitos sem sentir culpa. Agora, sua criança mimada tem o controle sobre ela.

Nos próximos e vários dias, ele a recorda de sua recente privação, persuadindo-a a comer mais e mais porcarias; adora tudo que é gorduroso, salgado e doce. Se essas três coisas estiverem num só alimento, melhor ainda.

Finalmente, Kellie nota que ganhou um quilo. "Não se preocupe", racionaliza seu diabinho, "é só um ganho de líquido temporário". Mas esse ganho de água parece durar mais do que o esperado. Logo, a criança mimada de Kellie a convence a parar de se pesar. O ciclo de cinco quilos está em andamento outra vez.

É muito difícil quebrar hábitos. Hábitos ligados ao vício são especialmente problemáticos porque envolvem não só desejos psicológicos, mas também sintomas físicos. Qualquer pessoa que tenha abandonado o fumo ou o uso excessivo de álcool ou drogas contará que, durante os primeiros dias, o corpo passa por um período de abstinência que pode incluir tontura, insensatez, tremor e outras sensações altamente desconfortáveis.

Essas são as reações do corpo a uma retirada abrupta de uma substância à qual ele se acostumou — essa retirada tem um componente mental ou psicológico também. O simples fato de pensar sobre o que você está retirando pode precipitar em alguns dos mesmos sintomas desconfortáveis que aqueles causados pela retirada concreta. Quando o seu diabinho interior o torna obcecado na sensação de privação, seu corpo frequentemente reage como se *necessitasse* de um conserto. Assim, muito tempo depois de seu corpo já ter se ajustado à ausência do álcool, tabaco, cafeína, açúcar ou outra substância, você ainda poderá vivenciar episódios de insensatez, só de imaginar que poderá tê-las novamente.

Jim procura ajustar sua dosagem de álcool. Há muito tempo, assumiu que não é um alcoólico porque não bebe todos os dias. Ele bebe apenas quando precisa relaxar, após um dia estressante. O problema é que, após a sua primeira dose de gim-tônica, ele toma mais umas cinco ou seis e, até o fim da noite, joga-se no sofá, alheio a tudo a sua volta.

Jim veio ao meu consultório pela primeira vez com sua esposa Laura; porquanto ela havia ameaçado se divorciar caso ele não fizesse um aconselhamento matrimonial.

Em sua sessão inicial, Laura foi quem mais falou. "Cerca de três ou quatro noites por semana", ela começou, "Jim chega em casa, diz que está cansado demais para jantar, prepara um copo de gim-tônica e vai para a frente da TV. Eu e as crianças jantamos sem ele. Até a hora em que já terminei de ajudar as crianças com a lição de casa, supervisiono o banho delas e as coloco na cama. Até então, Jim provavelmente já tomou várias doses. Ele não está com espírito para conversar, então subo e assisto à TV na cama até pegar no sono. Esse não tem sido um verdadeiro casamento há vários anos, desde que nosso segundo filho nasceu".

Era óbvio que esse relacionamento precisava ser reformulado. A bebida de Jim era apenas um dos problemas, mas um enorme obstáculo para colocar as coisas de volta na linha. Depois de algumas sessões, tanto Jim como Laura reconheceram que, em razão da atenção dada às crianças, sobrava pouca energia a ela para relacionar-se com o marido. De maneira semelhante, o compromisso de Jim com sua carreira ofuscava o seu envolvimento tanto com a esposa como com os filhos. Eles recordaram o senso de camaradagem e diversão que os havia aproximado e prometeram reservar mais tempo um para o outro.

Ao enfocar esses assuntos, Jim minimizava o impacto do álcool em sua vida. Culpar a esposa por sua indiferença era um subterfúgio para não se confrontar com o fato de que, com ou sem atenção dela, dependia do álcool para se acalmar. Durante os últimos anos, o álcool havia se tornado bem mais do que um simples calmante; tornara-se também um companheiro de fato.

Essa realidade evidenciou-se num sábado à noite, quando o casal contratou uma *baby-sitter* para cuidar das crianças, pois haviam comprado ingressos para uma peça de teatro. O dia não havia sido particularmente estressante. Jim havia passado a maior parte da tarde trabalhando no quintal e limpando o cortador de grama. Ao entrar em casa, logo após a tarefa a que se submetera, foi automaticamente ao armário de bebidas. Da sala ao lado, Laura ouviu o som do gelo caindo no copo e, imediatamente, soube que a noite estaria comprometida. Caminhou até a cozinha e implorou: "Jim, por favor, não beba. Você sabe o que acontece quando você começa a beber". "Não se preocupe", replicou Jim. "Vou tomar só uma dose." Estava quente lá fora. Uma hora e três doses depois, Jim queixou-se de dor de cabeça e pediu à mulher que telefonasse para a babá e cancelasse o programa. Ele estava cansado demais para sair. Laura já havia vivenciado isso outras vezes, mas aquela vez a machucou muito, porque supostamente ambos estavam se empenhando para retomar seu relacionamento.

Na sessão seguinte, abordamos diretamente o assunto sobre a bebida de Jim. Após trinta minutos negando que ela fosse o problema, ele finalmente admitiu achar que não conseguiria viver sem álcool. Durante as últimas semanas, havia tentado dizer a si mesmo que a esposa e a família eram mais importantes que a bebida, mas havia a voz ininterrupta, no fundo de sua mente, que continuava exigindo: "Só mais uma dose de gim-tônica".

Essa voz não o abandonava. Continuava lembrando-o de que não devia deixar de ser controlado por ninguém, incluindo sua psicóloga e, especialmente, sua esposa. Enquanto a voz sedutoramente descrevia a sensação de calma que alguns goles poderiam trazer, Jim sentia-se trêmulo só de pensar nisso.

Ao sugerir a Jim que pensasse naquela voz como sua criança malcriada, ele me olhou intrigado. "Pense!", exclamei a ele. "Ela incomoda, reclama e manipula, exatamente como algumas crianças indisciplinadas que você vê nos supermercados, só que ela está aí dentro de você. E quando você cede, ela para, pelo menos naquele momento".

Jim pôde entender meu ponto de vista. Ele pensou a respeito daquela voz incômoda no fundo de sua mente. Prossegui: "Você provavelmente já aprendeu na experiência com seus filhos que, quanto mais cede a esse tipo de resmungo, mais eles recorrerão ao mesmo comportamento da próxima vez". A partir dessa informação, Jim começou a reconhecer o seu pestinha e a encontrar meios de controlá-lo.

O diabinho interior é instrumento, na maior parte dos hábitos aditivos: fumo, bebida, jogo, drogas, internet, além da compulsão para comer e comprar. Ele também entra em jogo nas infidelidades conjugais. Em todos esses casos, a criança mimada interior exige gratificação imediata, usando de persuasão argumentos, ameaças ou o que for necessário para obter o que deseja. É claro que todas essas "conversas" que o diabinho tem com você são internas e, às vezes, acontecem tão automaticamente que você nem as percebe. Mas se você parar de ouvir seus pensamentos, encontrará variações de alguns dos exemplos descritos até agora.

Comportamentos autodestrutivos.

Ao examinar hábitos viciosos, vimos que seu diabinho interior tenta persuadi-lo a fazer algo que sabe que é ruim para você. Às vezes, ele também tenta convencê-lo a não fazer coisas que são boas para você. O exemplo mais comum é protelar. Todo mundo protela, especialmente quando a tarefa é difícil ou leva tempo. Exatamente como uma criança resmungona, seu diabinho não quer se empenhar em algo que requer planejamento ou esforço redobrado.

Todos os anos, durante a segunda semana de abril, Bill tem dor de estômago. Não é por algo que comeu, e sim por perceber que o prazo para a entrega do formulário da declaração de imposto de renda está para vencer e ele nem começou a prepará-lo. Após a dor de estômago do ano passado, Bill adquiriu um programa de computador para tornar mais simples o preenchimento da declaração, mas nunca o instalou. Ele também prometeu a si mesmo começar a organizar os seus comprovantes até o final de janeiro, mas o tempo parecia ter se esgotado. Agora, com o prazo para ser expirado dentro de alguns dias, ele procura freneticamente encontrar seu formulário e localizar todos os documentos necessários. Isso não significa que não tenha pensado a respeito; na verdade, ele pensou bastante. É que, simplesmente, enquanto pensava, seu diabinho interior surgia e o convencia de que havia tempo de sobra. "Além disso", ele perguntava, "o que você prefere fazer: examinar um monte de documentos chatos, ou assistir a esse programa fascinante de TV?" E, então, o diabinho de Bill continuava a prometer que no próximo fim de semana, com certeza, o imposto de renda seria feito.

Em contraste a Bill, Jack não tem problemas em lidar com a papelada. Na verdade, ele adora ficar ocupado em sua mesa de trabalho. Sua criança mimada aparece somente quando pensa em esforço físico. Durante os últimos meses, Jack fez planos para se exercitar mais. Com um histórico familiar de doença de coração, exercício é mais do que um meio para se conquistar boa aparência — é vital para a sua saúde. Jack matriculou-se em uma academia, mas só foi algumas vezes. Ele não consegue lembrar por que parou de ir, mas se recorda que houve alguns dias de chuva e julgou que ir até lá seria esforço demais.

Com isso, começou a levar trabalho para casa e não teve mais tempo de se exercitar. Agora, após ir ao funeral de um ex-colega de classe, Jack está mais uma vez planejando começar uma rotina de exercícios. Ele não percebe que, enquanto permitir que esse pestinha determine a sua vontade, não conseguirá manter sua promessa.

A criança mimada de Jack utiliza várias táticas para adiar os exercícios. Ela reclama que está frio ou quente demais, que é muito tarde ou muito cedo... E aí promete que estará pronta para se exercitar dali a alguns dias. É evidente que, quando a data se aproxima novamente, o diabinho repete a mesma rotina de desculpas.

Marie tem um problema semelhante de adiamento com seu diabinho interior. Aluna do primeiro ano da faculdade, toda vez que tem uma prova, passa a noite acordada estudando, porque não estudou antes. Não que não saiba que a prova está se aproximando — a data vem impressa no programa do curso, recebido no primeiro dia de aula —, mas, de alguma maneira, as outras coisas pareciam ser mais importantes. Quanto mais a data se aproximava, mais sentia necessidade urgente de limpar o seu dormitório, passar suas roupas e organizar as gavetas de sua cômoda. Sua criança mimada, tentando evitar disciplina nos estudos, convencia-a de que essas tarefas banais não podiam esperar.

A emoção principal subjacente ao adiamento é a ansiedade — uma forma de medo. Quando não temos certeza se somos capazes de realizar o que esperamos de nós mesmos, sentimo-nos inquietos e ansiosos. Para diminuir nossa ansiedade, prometemos a nós mesmos que faremos a tarefa mais tarde. Em outras palavras, adiamos. Essa promessa traz uma sensação de alívio. O adiamento é muito comum, principalmente porque dá às pessoas uma falsa sensação de segurança. Prometa a si mesmo que fará a sua declaração de IR, sua lição de casa ou seus exercícios físicos mais tarde e vai se sentir melhor imediatamente.

O único problema é que esse alívio é passageiro, dura apenas até a próxima vez, quando terá de encarar o que não realizou. Pessoas que repetidamente rendem-se ao adiamento estão sob controle de seu diabinho interior.

Todos desejam muito que essa criaturinha os livre da ansiedade, levando-os a racionalizar que o momento não é precisamente o mais adequado para começar a tarefa, que o ideal é postergar para a semana seguinte. E mais: o diabinho interior fará qualquer coisa para impedir que alguém encare a incapacidade de realizar o que pensa que deveria.

Reações exageradas aos sentimentos de raiva.

Problemas com hábitos viciosos e autodisciplina prejudicam, primeiramente, quem se engaja no hábito e resiste a impor-se disciplina. Quando se trata de comportamentos do diabinho interior que emergem de sentimentos (ódio e raiva), os efeitos adversos incidem sobre outras pessoas.

Anteriormente, conhecemos Emily, que descontava em seu marido e nos filhos suas pequenas frustrações. Isso porque esse pestinha tem pouca paciência. Quando ele encontra obstáculos, reage de forma exagerada a eles, o que desencadeia graves resultados. E que tal a ideia de que é importante exprimir a raiva para que ela não fique contida? Não é prejudicial conter os sentimentos de raiva, porque eles se acumulam e explodem mais tarde? Até certo ponto isso é verdade, especialmente quando o diabinho se fixa neles obcecadamente. Por outro lado, no caso de comportamentos associados a um temperamento explosivo, é melhor tentar mantê-los num canto, sob controle.

Pesquisas revelam que, quando explodimos, tornamo-nos mais agressivos, e não menos. O comportamento de raiva amplifica a descarga de adrenalina no corpo, aumentando ainda mais o nível de hostilidade. Qualquer pai que tenha batido em seu filho sabe que a intensidade das palmadas aumentam, da primeira à última. Pais que maltratam seus filhos não pensam: "Eu quero machucar ou mutilar meu filho". Eles geralmente estão simplesmente com raiva e tensos e, por meio de seu diabinho interior, procuram aliviar a tensão batendo no filho. Em vez de reduzir a tensão, o ato em si a aumenta, fazendo com que batam cada vez mais forte. Durante esse processo, a raiva torna-se incontrolável.

Os efeitos potencialmente nocivos da raiva irrefreável não se limitam ao lar. Os noticiários relatam que casos de ódio no trânsito têm se tornado cada vez mais comuns. Algumas pessoas ao volante tornam-se tão coléricas que usam armas contra motoristas que cruzam seus caminhos ou que os desafiam. Pode-se imaginar o que as crianças mimadas deles dizem em momentos assim: "Como ousa me cortar? Você não vai se safar disso!" ou "Está me fazendo gestos com a mão, não é? Vou lhe mostrar que ninguém me faz de bobo!" ou "Aquele motorista me paga!" Ódio nas estradas é uma manifestação extrema do malcriado. Felizmente, a maioria das pessoas que sentem tamanha raiva não se dispõe de uma arma à mão. Mesmo assim, elas podem se tornar perigosas. Uma pessoa furiosa dirige agressivamente, aumentando a probabilidade de acidentes.

Trabalhei com indivíduos que me foram recomendados por seu advogado ou pelo tribunal para uma avaliação e psicoterapia. Em quase todos os casos, a explicação dada para a raiva no trânsito era de que o outro motorista os deixou furiosos. Raramente reconheciam que perderam controle sobre seu comportamento. Durante o processo de psicoterapia, foi muito útil a eles imaginar um pestinha dentro de si como metáfora da sua própria raiva. Depois de se conscientizarem disso, puderam reconhecer melhor os estágios iniciais da raiva e assumir o controle, antes que a criança mimada o fizesse.

Ataques de raiva e violência na estrada não são apenas formas de comportamento furioso deflagradas pelo diabinho interior. Ficar emburrado e ficar bicudo são outras formas de expressão da raiva, mas apresentadas de uma maneira mais indireta.

Sara veio me procurar porque se sentia desvalorizada e infeliz há muito tempo. À medida que a conhecia, fiquei sabendo que ela havia sido criada por uma mãe crítica, a quem sentia que nunca conseguia agradar. Já adulta, Sara nunca tinha desafiado sua mãe e, aos 29 anos, ainda ficava calada quando sua mãe criticava suas roupas, sua carreira e a escolha dos amigos.

Ela gostava de seu trabalho — era gerente de uma loja de varejo de roupas —, mas morria de medo das visitas da supervisora da área. Sempre que a supervisora passava por ali, encontrava algo errado na loja. Um dia, era um mostruário que estava muito longe; outro dia, faltavam funcionários para cumprimentar os clientes. Sara não sabia como lidar com aquela mulher. Ela se sentia injustamente criticada, principalmente porque os lucros da loja estavam aumentando.

Havia várias coisas que Sara poderia ter feito, inclusive conversar com ela sobre sua costumeira abordagem. Mas, acostumada a evitar confrontos, Sara não dizia nada. Não que ela não se comunicasse — sua comunicação era por meio de um silêncio gélido. Quando a supervisora vinha à loja, Sara respondia às suas perguntas com monossílabos, evitava olhar nos seus olhos e suspirava alto, enquanto a mulher caminhava pela loja. Mais tarde ela se queixava às amigas que havia sido tratada de maneira abjeta. Enquanto isso, a supervisora relatava à empresa que, embora as vendas fossem boas, a atitude de Sara era um problema sério. E recomendava que seu desempenho fosse seguido de perto. Obviamente, isso intensificava ainda mais as reações de Sara.

Sempre que Sara ouvia uma crítica, seu diabinho interior se sentia compelido a retaliar. Seu estilo não era confrontador; ao contrário, era *agressivo-passivo*. Expressava a hostilidade de forma indireta, irritando-se e ficando de mau humor em vez de gritar. Contudo, o seu alvo (a supervisora) captava a mensagem do mesmo jeito.

Como vimos nos casos exemplificados neste capítulo, a criança mimada dentro de cada um de nós opera em nossos pensamentos, nossos sentimentos e nossos comportamentos. Nós a ouvimos como uma voz, lá no fundo de nossa mente, e a sentimos em nosso corpo. Esse diabinho interior é a base de muitos sentimentos, como ressentimento, raiva, inveja, ciúme e autopiedade. Ele também interfere em nossas ações, inclusive em nossos hábitos, vícios e acessos de raiva. Embora ele possa ser visto como uma entidade independente de nosso "eu" verdadeiro, continua sendo uma parte nossa. Diabinho interior é simplesmente um nome conveniente para descrevermos nosso lado sombrio. Apesar de sua influência, continuamos responsáveis por nossas palavras e ações.

O pestinha não funciona de maneira aleatória. Ele se baseia em princípios psicológicos estabelecidos, que serão descritos mais à frente, no capítulo 4. Os diabinhos assumem diferentes "personalidades", cada qual com suas características, variando de uma pessoa para outra. Sua criança mimada é diferente da minha. Nos capítulos 7 e 8 você aprenderá como reconhecê-la e as situações em que ela assume o controle. Embora nunca consiga eliminá-la, poderá aprender como domá-la. Isso será descrito no capítulo 12.

As forças e princípios que regem o diabinho não causam danos como intenção original. Ao contrário, estabeleceram-se em nós para proteção de nossa autoestima. Examinaremos isso no próximo capítulo.

3

Encare os fatos: a responsabilidade é sua

O comediante George Carlin observou: "Você já notou? Qualquer um que vá mais devagar do que você é um louco". Essa é a razão pela qual, quando estamos com pressa, julgamos o motorista vagaroso à nossa frente um "idiota". Acreditamos até que foi posto deliberadamente sobre a face da Terra só para nos atrasar. E, quando estamos sem pressa, achamos que o motorista que nos ultrapassa é um "louco", que anda por aí apenas para destruir tudo o que encontra em seu caminho. O nosso ponto de vista — sempre muito egocêntrico — faz-nos crer que nunca somos *nós* que estamos no meio do caminho de alguém.

Todos nós cometemos erros, alguns mais do que outros. Mas, à exceção de uma minoria, tendemos a perdoar mais os nossos erros do que os dos outros. Algumas vezes somos tão egocêntricos que acreditamos que o mundo gira ao nosso redor. E se acontece de cometermos um erro, tal como esquecer de dar a seta, não encaramos isso como um reflexo de nosso caráter. Em geral, não colocamos o rótulo de "idiota" ou "louco" em nós mesmos. Em vez disso, explicamos nossos deslizes como pequenos lapsos que não têm nada a ver com nossa personalidade. Podemos apresentar a nós a desculpa de que nos distraímos naquela situação com uma música do rádio ou com um pedestre atraente. Mas, por outro lado, se alguém esquece de dar a seta, não somos tão carinhosos. Mais provavelmente, acharemos que o outro motorista é inábil e incompetente.

Esse padrão duplo de julgamento — um conjunto de regras para nós e outro para as demais pessoas — é bastante comum. Como seres racionais, sempre procuramos as causas e efeitos de tudo o que há e acontece no mundo ao nosso redor. Quando observamos o comportamento de outras pessoas, tentamos explicá-lo de uma forma que faça sentido para nós naquele momento. Nossa mente também predispõe nossa percepção de modo a minimizar nossas falhas. Por exemplo, numa ocasião, derrubei meu copo de bebida sobre a mesa de jantar. Quando isso aconteceu, disse a mim mesma: "O que este copo estava fazendo aqui?", como se a culpa fosse do copo e não minha. Por outro lado, anos atrás, quando meus filhos derramaram suas bebidas, imediatamente reagi, dizendo: "Parem de fazer besteira". Em outras palavras, quando derrubei o meu copo, atribuí o fato a circunstâncias externas, mas quando meus filhos o fizeram, atribuí ao descuido deles.

O duplo padrão de julgamento é também evidente quando trombamos com alguém acidentalmente. Em tal situação, dizemos: "Desculpe!" e seguimos em frente, sem pensar muito. Já quando alguém esbarra em nós, pensamos (ou dizemos) imediatamente: "Ei, preste atenção por onde anda!" Na próxima seção explicarei por que fazemos isso.

COMO VEMOS A RELAÇÃO CAUSA-EFEITO NAS ATITUDES ALHEIAS

Psicólogos que estudaram o modo como lidamos com a causa e o efeito descobriram um padrão. A maioria das pessoas se responsabiliza por seus pequenos erros eventuais ou acidentais. Por exemplo, quando esquecemos de retornar um telefonema, geralmente dizemos a nós mesmos "Puxa!" ou algo parecido. Afinal de contas, esquecer de vez em quando é simplesmente humano. Mas quando alguém faz o mesmo, geralmente consideramos o fato como reflexo de comportamento desatento, negligente: "Aquela pessoa não tem consideração, é indelicada".

Há uma razão para essa discrepância. A fim de preservar nossa autoestima e a sensação de sermos importantes, nossas defesas psicológicas tentam nos proteger, não nos deixando admitir nossas imperfeições e irracionalidades. Para a maioria das pessoas, quanto mais a autoestima é ameaçada, maior a probabilidade de responsabilizar as circunstâncias do que si mesmas.

Aqui vai um outro exemplo: suponha que você estudou bastante para um teste e estava confiante, mas, após fazê-lo, soube que seu conceito final foi C. Em vez de atribuir a nota medíocre a uma inteligência rasa ou a um preparo deficiente, provavelmente culpará o professor, a temperatura do ar condicionado na sala de testes, a falta de acesso à informação básica ou, ainda, algum outro fator externo. Nem todo mundo reage dessa maneira, é claro. Há sempre pessoas com uma autoestima extremamente baixa, que se culpam por quase tudo que não dá certo. Sempre que algo dá errado, elas sentem-se única e exclusivamente responsáveis. Mas isso não é comum; grande parte distorce sua percepção, eximindo-se de culpas por acontecimentos negativos.

Ao mesmo tempo que atribuímos erros e fracassos a fatores situacionais, tendemos a dar crédito total a nossos êxitos. Ouça as entrevistas que os jogadores dão após os jogos em eventos esportivos importantes. Os membros da equipe vencedora atribuem a vitória a um técnico fantástico, à coesão e determinação da equipe ou à crença em Deus. Você nunca ouve o técnico do time campeão dizer: "Nós ganhamos porque tivemos sorte". Por outro lado, não é incomum que a equipe perdedora atribua a derrota à falta de oportunidades para marcar ponto ou à sorte do outro time.

Resumindo o que vimos até aqui, tendemos a creditar a nós mesmos os nossos sucessos e a responsabilizar a situação por nossos fracassos. Os diabinhos interiores florescem sobre a nossa tendência de culpar qualquer coisa — menos nós mesmos — quando as coisas vão mal, mas de levar todos os créditos quando as coisas vão bem. Dessa forma, esses pestinhas podem justificar o fato de nunca terem de fazer mudanças ou adaptações.

O processo de atribuição também vale para aqueles com quem nos identificamos, como, por exemplo, membros da família, heróis, mentores, times e candidatos em quem votamos. Nas audiências de *impeachment* do presidente Clinton, em 1999, seus admiradores e defensores leais reconheceram que ele não foi totalmente sincero na audiência do Grande Júri. No entanto, argumentaram que a falta de "sinceridade" não justificava os atos agressivos do Conselho Independente, que buscava implacavelmente provas incriminativas, tampouco justificava o tempo e energia gastos pelo legislativo nesse assunto "menor". Em outras palavras, foi por falha de outras pessoas que o presidente sofreu constrangimento legal e humilhação.

Em meu trabalho profissional, conheci pais que atribuem o baixo desempenho escolar de seus filhos a uma didática abaixo dos padrões; conheci pessoas que foram despedidas de seu trabalho por causa de chefes "injustos"; ouvi parceiros amorosos, que gostavam de flertar com outras pessoas, reclamarem que eram mal-interpretados. Vezes e mais vezes, as pessoas minimizam as suas fraquezas e das pessoas com quem se identificam e culpam as circunstâncias ou terceiros por seus problemas.

A maneira como responsabilizamos outras pessoas é o inverso de como fazemos conosco. Quando se trata de explicar os atos daquelas com quem não nos identificamos, atribuímos seu sucesso às circunstâncias ou ao acaso, e o fracasso à personalidade delas.

Assim, por exemplo, quando um concorrente fecha um contrato lucrativo, dizemos a nós mesmos: "Foi fácil para ele, tinha bons contatos familiares". Ou quando um atleta de um outro país ganha uma medalha de ouro nos jogos olímpicos, atribuímos o fato a uma programação favorável na competição, com períodos sem jogos, ou à parcialidade dos juízes, em favor do país de origem do atleta vencedor. Em ambos os casos, as circunstâncias e a sorte são vistas como o principal motivo para as realizações alheias.

Quando se trata de resultados desfavoráveis para aqueles que não conhecemos, ou com quem não nos identificamos, nossa primeira inclinação é considerar o indivíduo pessoalmente responsável. Assim, quando um cidadão famoso em nossa sociedade vai preso, as pessoas que não o conhecem prontamente supõem que ele deve ter cometido o crime pelo qual está sendo acusado. Outro exemplo é quando a matriz de uma empresa anuncia que os lucros não foram altos o suficiente para permitir aumentos salariais, e muitos de seus funcionários atribuem isso à inabilidade do presidente de tomar decisões.

Psicólogos exploraram esse fenômeno de atribuição em centenas de estudos. Eles concluíram que é um fenômeno comum, particularmente na cultura ocidental. O fato de ele ser comum, no entanto, não o torna desejável. O exemplo mais destrutivo de atribuição ocorre nas relações raciais hostis de nossa sociedade. Por conta da confiança limitada entre vários grupos raciais e do contato limitado entre indivíduos desses grupos, as atribuições que geralmente se fazem são exageradas. Um cliente negro que circula e olha as mercadorias de numa loja de departamentos é visto com suspeita pelos atendentes.

Há maior probabilidade de que policiais parem motoristas negros do que brancos. Não é coincidência que as cadeias estejam povoadas predominantemente por minorias étnicas. Um sistema legal, formado predominantemente por brancos, apresenta grande probabilidade de atribuir intenções criminosas a um cidadão não branco e apenas cir-cunstâncias atenuantes a um cidadão branco.

A maioria das pessoas não tem nem mesmo consciência do viés em suas avaliações. Toca a vida racionalizando e considerando seus erros como falhas insignificantes, ao mesmo tempo que imputa, como deslize de caráter, a outras que cometem erros semelhantes. Algumas pessoas são mais tendenciosas do que outras. Conhecemos indivíduos (talvez você mesmo) que levam o fenômeno da atribuição a extremos. *Nunca* são responsáveis por algo que fizeram ou disseram, e são rápidas em responsabilizar os outros quando algo vai mal.

A EXPLOSÃO DE VÍTIMAS

Embora sempre tenham existido indivíduos que não assumem a responsabi-lidade por seus atos e dificuldades, as duas últimas décadas testemunharam uma explosão no número de pessoas e grupos que se veem como vítimas, mesmo quando são elas que dizem ou causam danos a outras pessoas. Em vez de se desculpar, elas responsabilizam seus pais por serem alcoólicos, por terem sido maltratadas ou alvo de tratamentos injustos.

A vitimização tornou-se um lugar tão comum, que nossa lingua-gem começou a refletir nossa resistência a aceitar responsabilidades. Nos anos 1970, o alcoolismo, com consequentes efeitos nocivos para o indivíduo e sua família, foi definido como doença, tão vergonhoso como o diabetes. Quando uma celebridade após a outra anunciou ser vítima desse mal, tornou-se totalmente respeitável ser alcoólatra. Betty Ford, ex--primeira-dama dos Estados Unidos, fundou um centro para tratamento de alcoolismo, que ainda hoje atrai centenas de pessoas todos os anos, muitas das quais exibem seu vício quase como um distintivo de honra.

Depois que o alcoolismo foi totalmente entrincheirado como doença, a hipótese amplamente aceita era de que "a vítima" tinha uma predisposição biológica para a doença, embora ninguém tenha encontrado prova conclusiva de um gene específico ou de um marcador biológico. Além disso, se fosse uma doença, a pessoa estaria para sempre afetada e não teria controle sobre ela: "uma vez alcoólico, sempre alcoólico".

De acordo com a doutrina dos Alcoólicos Anônimos, uma pessoa nunca está curada ou recuperada, mas permanentemente em recuperação. E como isso é um processo extremamente doloroso, o status do alcoólico em recuperação foi elevado à categoria de herói.

Outros vícios seguiram a mesma trilha do alcoolismo. Os Narcóticos Anônimos para viciados em drogas tornaram-se a contrapartida para os Alcoólicos Anônimos. Logo a seguir, vieram os Jogadores Anônimos. O mais recente vício é o da internet, para o qual, ironicamente, a ajuda está disponível *on-line*.

As décadas dos vícios — 1970 e 1980 — introduziram o onipresente sufixo *-aholic* na língua inglesa. Palavras como *workaholic* (viciado em trabalho), *chocaholic* (em chocolate, chocólatra), *shopaholic* (em compras) e *sportaholic* (em esportes) tornaram-se familiares a muitos. O *Dicionário Cambrigde* define o sufixo *-aholic* como "incapaz de parar de fazer ou de tomar". De fato, quando nos descrevemos como *shopaholics* ou *workaholics*, há uma implicação de que somos vítimas de desejos incontroláveis.

John Leo, colunista do *US News & World Report*, citou Marion Barry, prefeito de Washington D.C., ao defender sua mentira a respeito de ser um dependente químico: "Aquilo foi a doença falando. Não fiz aquilo a você propositadamente. Eu fui uma vítima"[2]. O senhor Barry foi tão bem-sucedido em lançar uma imagem de viciado/herói que acabou se reelegendo prefeito de Washington depois de passar um tempo na prisão por posse de cocaína.

Nas duas décadas passadas, eximir-se da responsabilidade estava implícito não apenas na linguagem do vício, mas também na própria maneira como os acontecimentos eram explicados. Frases como: "Erros foram cometidos" e "Vidas foram perdidas" eram usadas para explicar inúmeras asneiras governamentais. O uso da voz passiva sugere que ninguém era pessoalmente responsável. Nos tribunais, testemunhamos uma série de réus atribuir seus atos criminosos ao açúcar no sangue (como na controversa "defesa Twinkie"[3] de 1978), a seus ciclos menstruais, ou a suas incontroláveis paixões. Era como dizer: "É a minha biologia, Meritíssimo. Não tenho controle sobre ela".

Nos anos 1980 e 1990, a vitimização tornou-se institucionalizada. Minorias étnicas, grupos de *gays*, lésbicas, feministas e pessoas com várias enfermidades e deficiências marcharam para o Capitólio para declarar que eram vítimas de opressão e discriminação. Programas de governo começaram a surgir para proteger certos grupos. Um desses programas é a Lei dos Americanos Portadores de Deficiências de 1992. Originalmente destinado a proteger as pessoas contra discriminações no trabalho, acabou resultando num emaranhado de litígios focados no que constitui uma deficiência e em quem tem direito a tratamento especial.

Não estou sugerindo que a opressão e a discriminação não existam. A história demonstra que vários grupos e indivíduos receberam tratamento privilegiado desde o começo da civilização. Entretanto, nos últimos anos, os Estados Unidos têm endossado a vitimização até nas circunstâncias mais dúbias. Por exemplo, os *campi* das faculdades, nos anos 1980, começaram uma campanha de retidão política que tomou conta da vida privada dos estudantes. Cursos que enfatizavam a vitimização de mulheres nas mãos dos homens e políticas que rotulavam certos atos, como assédio, quando um homem persegue uma mulher, serviam para justificar a percepção das pessoas sobre seu sofrimento. Pessoas que eram ofendidas pela linguagem, pela arte e pelos olhares de outras pessoas — até mesmo pelo cheiro de seu perfume — reagiam numa onda militante para que os ofensores fossem afastados e/ou punidos.

Em 1991, a professora universitária Anita Hill acusou Clarence Thomas, candidato à Suprema Corte de Justiça, de assédio sexual, supostamente ocorrido há vários anos quando trabalhavam juntos. As audiências do Congresso a esse respeito tiveram enorme impacto sobre a nossa sociedade. Foi aprovada uma legislação no sentido de proteger pessoas que se sentissem ameaçadas a perder o emprego caso repelissem as investidas de um supervisor ou colega de trabalho. Felizmente, muitas pessoas, especialmente as mulheres, conseguiriam o respeito que mereciam por meio dessas leis. Ao mesmo tempo, no entanto, mulheres que nunca se sentiram vítimas no local de trabalho queixavam-se agora de se sentirem ofendidas com um simples calendário exibindo mulheres de maiô sobre a mesa de um colega, ou por ouvirem piadas impróprias, ou ainda por meros olhares ou gestos corporais.

Os processos contra assédio sexual alcançaram seu ápice no final da década de 1990. Reconhecidamente, eles estão diminuindo, em parte graças à sensibilidade dos empregadores quanto a esses assuntos de assédio. Essa tendência reflete, também, um cuidado redobrado no ambiente de trabalho. Hoje em dia, os manuais sobre procedimentos no trabalho contêm advertências, orientando supervisores do sexo masculino a não manifestarem simples elogio à roupa de suas funcionárias, para que não sejam acusados de assédio.

A OBSESSÃO NACIONAL POR DIREITOS E REGALIAS

Mais ou menos na mesma época em que a sociedade americana começou a se preocupar em considerar algumas pessoas como vítimas, ela também tornou-se obcecada por "direitos". Direitos dos animais, dos *gays*, das mulheres, das crianças tornaram-se o foco principal das batalhas políticas e econômicas. Se por um lado os objetivos eram nobres e pareciam igualitários, por outro, pela ênfase dada, provocaram um efeito inesperado na sociedade.

As pessoas tornaram-se tão preocupadas com seus próprios direitos e benefícios legais que deixaram totalmente de lado, sem levar em conta, os direitos de outras pessoas. Grupos étnicos e de interesse especial tornaram-se cada vez mais polarizados e desacreditados, confrontando-se furiosamente uns com os outros em vez de fazerem concessões mútuas e buscarem a acomodação.

Em nenhum outro lugar esse sentimento de se sentir merecedor de direitos especiais é mais claramente expresso do que no atual estado da indústria americana de seguros e em seu sistema legal. A premissa básica do seguro é que quando alguém sofre uma perda ou dano será fatalmente compensado. A maior parte das apólices de seguro cobre perdas decorrentes desde circunstâncias imprevistas até negligência do segurado. Essas circunstâncias incluem incêndios provocados por cigarro; queda acidental de carro em uma vala, ou perda de um anel de diamantes.

Há apólices que cobrem danos e prejuízos provocados por alguém a outra pessoa. São as chamadas apólices de responsabilidade civil. Assim, por exemplo, se acidentalmente você bater o seu carro em um outro, é muito provável que a companhia de seguro do automóvel (dependendo da apólice) pagará não apenas pelos danos do seu carro, mas também do outro veículo. Além disso, se você ou outra pessoa sofressem ferimentos, os gastos médicos também estariam cobertos pela apólice.

No início dessa política de compensação pelo seguro, as vítimas de acidentes eram reembolsadas apenas pelas perdas financeiras, que incluíam despesas médicas, tempo afastado do serviço e danos à propriedade. Mas há também perdas intangíveis sob forma de estresse emocional. Depois de um acidente, não é incomum a pessoa apresentar ansiedade, insônia e outros sintomas emocionais. Os tribunais reconheceram que tais sintomas (denominados "dor e sofrimento") merecem compensação adicional. Mas isso já está saindo do controle. Nos últimos anos, um número crescente de querelantes moveram ações judiciais por danos muito específicos e, em geral, "questionáveis", tais como: não ser capaz de jogar tênis, não ser um parceiro sexualmente ativo para o companheiro e perda da alegria de viver.

Essa mentalidade de vítima se generalizou (de acidentes para enfermidades) e tornou-se mais visível em casos de câncer de pulmão. As empresas de tabaco foram processadas legalmente e o ganho foi para os fumantes que desenvolveram câncer. Esses processos triunfaram em parte porque revelaram que certas empresas de tabaco tinham conhecimento da correlação entre fumo e câncer, mas preferiram a omissão. No entanto, a advertência do Ministério da Saúde, de que o fumo pode ser prejudicial à saúde, aparece em todos os maços de cigarro desde 1965 [nos EUA]. As pessoas usavam o tabaco sabendo dos riscos que corriam e, mais tarde, responsabilizavam a indústria por terem desenvolvido o câncer.

Hoje em dia, as pessoas não precisam nem se ferir fisicamente para exigir uma compensação do seguro. No verão de 1999, um homem de Michigan foi acusado e condenado por usar linguagem obscena perto de mulheres e crianças. Outros processaram seus vizinhos alegando estresse emocional causado pelo uso de linguagem grosseira. Tais processos são tratados sob a categoria das apólices de seguro de proprietários residenciais. Em vez de levar o caso aos tribunais, onde um júri solidário pode conceder compensações punitivas altas, as companhias de seguro resolvem fora dos tribunais.

Uma crença comumente aceita em nossa sociedade é a seguinte: se sou molestado de alguma forma, alguém deve pagar. Tal atitude ajuda a explicar porque tantas pessoas processam os outros por circunstâncias que elas mesmas provocaram. Veja um caso de 1994, em que o júri concedeu 2,9 milhões de dólares para uma mulher que processou o McDonald's depois de entornar uma xícara de café quente, que ela mesma havia colocado entre suas pernas, causando-lhe graves queimaduras de pele. (É bom notar que ela nunca recebeu esse valor. O juiz posteriormente reduziu o valor e o McDonald's apelou. Ela depois fez um acordo e recebeu uma soma muito menor.)

Nem todos os casos são tão impressionantes quanto o do McDonald's. Mas todos os dias as pessoas lotam os nossos tribunais buscando ser ressarcidas após levarem um tombo de escada, tropeçarem na calçada ou outros acidentes que não são necessariamente por culpa de alguém. Mas, mesmo assim, ganham a causa.

Há não muito tempo encontrei um dos meus amigos advogados. Ele estava usando muletas. Quando lhe perguntei o que havia acontecido, ele replicou que escorregara no gelo enquanto removia a neve da frente de seu escritório. "O pior de tudo", ele acrescentou jocosamente, "é que sou o proprietário do prédio, portanto não há ninguém quem eu possa processar".

O MOVIMENTO DA AUTOAJUDA

Os livros de autoajuda dos anos 1980 refletiram a mentalidade daquela época de se sentir vítima. Foi durante esse período que o conceito de criança interior se tornou proeminente. Popularizado por Charles

Whitfield, essa criança era descrita como "a parte de cada um de nós que é basicamente viva, cheia de energia, criativa e realizada; é o nosso Eu real, quem nós somos verdadeiramente"[4]. Dr. Whitfield continua: "Quando essa criança dentro de você não é nutrida ou não encontra liberdade de expressão, um eu falso ou codependente emerge. Começamos a viver a vida com uma postura de vítimas e encontramos dificuldade em resolver nossos traumas emocionais".[5]

Outros autores ampliaram essa noção. A criança interior passou finalmente a representar nosso repositório de feridas e injustiças passadas. Fomos incitados a encontrar a nossa criança interior, a escutá-la, a aliviar a sua dor e a cultivá-la. Cursos e seminários sobre a criança interior pipocaram pelo país todo com o intuito de ensinar às pessoas como fazer isso.

Não há nada errado na autorreflexão e na tentativa de nos compreendermos. Mas concentrar-se no sofrimento e analisá-lo serve apenas para validar ainda mais o papel de vítima.

Palestras sobre a criança interior foram um dos muitos tipos de grupos de apoio que se tornaram populares nos anos 1980 e 1990. Grupos de apoio foram originalmente criados para ajudar pessoas que tinham os mesmos problemas a suportar — a dor — e assim poderem encontrar nova esperança. Há muitos tipos de grupos de apoio: aqueles para indivíduos que perderam um filho; para pessoas que estão passando por transições de vida como o divórcio, desemprego ou viuvez. Um grupo de apoio bem conduzido pode ser muito importante na vida dos membros participantes. Por exemplo, pesquisas mostram que mulheres com câncer de mama sobreviveram mais quando se associaram a grupos de apoio conduzidos por profissionais.

Entretanto, muitos grupos de apoio, especialmente aqueles focados na vitimização, não se tornaram nada além de grupos de piedade. Legitimaram o sofrimento a tal ponto que era a única coisa sobre a qual conversavam no grupo. Compartilhavam o sofrimento e não chegavam a solução alguma.

Para resumir, as décadas de 1980 e 1990 deram origem a dois fenômenos sociais: acentuada tendência a sentir-se vítima e definições proliferadas de direitos pessoais. Tornamo-nos uma nação de rabugentos e resmungões. Somos muito egocêntricos, preocupados com o sentimento de sermos merecedores de direitos especiais. Finalmente, abraçamos a ideia de que nunca devemos ser molestados, muito menos sofrer, e, caso sejamos ofendidos ou feridos, alguém tem de pagar por isso.

Apesar de tudo, ainda conseguimos nos ver como basicamente gentis e compassivos. Ao rotular de injustiça qualquer coisa que nos perturbe ou aborreça, conseguimos racionalizar nossas queixas. Legitimamos nossa raiva e autopiedade. Esse é o ambiente perfeito para o crescimento do diabinho interior.

4

Nosso diabinho interior e as forças dentro de nós

No capítulo anterior, vimos que as pessoas costumam creditar a si mesmas as coisas boas que acontecem, mas tendem a responsabilizar os outros ou as circunstâncias quando o resultado não é favorável. Observamos também como as condições sociais e econômicas contribuem para que nos sintamos pobres vítimas, merecedoras de compensações. Quanto mais abraçamos essa ideia, mais egocêntricos, exigentes e "mimados" nos tornamos. Isso não significa que estamos à mercê de forças sociais ou que não podemos fazer escolhas quanto às nossas percepções e atitudes. Mas, até certo ponto, estamos predispostos a pensar, sentir e reagir de certa maneira. Parte disso se deve ao temperamento inato, mas a grande parte é aprendida. Pesquisadores demonstraram que até mesmo comportamentos profundamente enraizados podem ser modificados, embora isso exija esforço e prática consideráveis.

O diabinho interior constitui um conjunto de pensamentos, sentimentos e comportamentos que estão com você desde sua tenra infância. Eles não chegaram lá por acaso; na verdade, em determinado momento, provavelmente serviram a um propósito útil. Esses pensamentos, sentimentos e comportamentos mimados sobreviveram e, hoje, são consequências de hábitos. Essa criança malcriada produz um efeito potencialmente destrutivo em você e põe em risco aqueles que estão ao seu redor.

UMA FORÇA A SER LEVADA EM CONTA

Até aqui, retratei o diabinho interior como se fosse uma parte distinta do cérebro, passível de ser medida ou vista com as modernas técnicas de imagem. Seria bom pensar que há uma criança malcriada dentro de nossas cabeças, como um diabinho que se senta em nosso ombro (do lado oposto ao do anjinho). Se fosse assim, tudo o que precisaríamos fazer seria dar-lhe algum remédio tranquilizante. Mas não é tão simples assim.

Na verdade, ninguém jamais viu um diabinho, embora todos tenhamos visto os seus efeitos. Esse termo, "diabinho interior", é apenas uma maneira conveniente de descrever os vários modos de pensar, sentir e comportar-se. Não é apenas um comportamento ou um sentimento, mas sim um conjunto. Há muitos grupos diferentes que representam os comportamentos mimados. (No capítulo 8, os diversos tipos de diabinhos serão descritos.)

Por ora, admitamos que esse pestinha é aquela parte nossa que se torna agressiva quando nos sentimos injustiçados por algum fator externo, levando-nos a adotar um comportamento destrutivo ou derrotista. Por exemplo, vamos analisar o caso de Amy, uma repórter de uma emissora de TV de uma pequena cidade. Quando o cargo de âncora de notícias ficou vago, o diretor encorajou-a a se candidatar. Amy, evidentemente, agarrou a oportunidade, confiante de que seria a escolhida, afinal de contas, ela trabalhava para a estação de TV havia quase dois anos e havia recebido uma boa crítica sobre seu estilo animado de relatar as notícias. Imagine sua decepção quando, por fim, a emissora contratou Michelle, uma ex-repórter de uma outra cidade. "É tão injusto!", Amy exclamou. "Eles praticamente me *prometeram* aquela vaga."

Aquela tinha sido a sua grande chance de ascender profissionalmente, mas a oportunidade passou e foi perdida, sem que tivesse cometido qualquer deslize para isso.

Quanto mais Amy pensava nisso, mais ressentida ficava. Seu ressentimento transparecia em seu trabalho. Seu habitual entusiasmo, característica sua, começou a esmorecer, podendo ser notado em seu desempenho diante das câmeras. Ela pensou consigo mesma: "Para que me esforçar? Vou só fazer o que é preciso até meu contrato expirar e, depois, procurarei emprego em outra emissora."

Lá no fundo, Amy percebia que sua raiva, espírito e mente — verdadeiros antagonistas — colocavam em perigo futuras oportunidades. Se ela decidisse trocar de emprego naquele momento, saberia que, com seu problema de atitude, conseguiria apenas cartas de recomendação neutras. Além disso, ela se viu nas gravações e notou sua falta de entusiasmo. Quem contrataria uma pessoa mal-humorada?

Várias vezes, durante a semana, Amy prometeu a si mesma que tentaria ser melhor. Mas, cada vez que ela via Michelle sentada à mesa como âncora durante as transmissões, sentia um desejo irresistível de punir o chefe da emissora. Sua necessidade de vingança começou a atingir Michelle, que realmente não havia feito nada a Amy; na verdade, Michelle havia sido amável com ela.

Amy esforçou-se para se convencer de que, a longo prazo, sua raiva só iria prejudicá-la. Mas simplesmente não conseguia se livrar daquele sentimento. Ela estava vivendo um conflito mental. Apesar de ter consciência do que estava fazendo mal a si mesma, Amy continuava no caminho autodestrutivo, induzida pelo seu diabinho interior. Ele não retrocedia, embora ela tentasse tirá-lo de sua mente.

CONFLITO MENTAL

Assim como Amy, todos nós temos momentos em que sabemos que estamos sendo irracionais e autodestrutivos, mas continuamos assim mesmo. Também enfrentamos conflitos mentais em nossas decisões cotidianas, embora nem todas sejam potencialmente destrutivas. Ao se vestir pela manhã, você deve usar a camisa azul ou a bege? Deve comer torrada ou cereal no café da manhã? Que tarefa fará primeiro em seu trabalho? Qualquer que seja a decisão, ela encerrará entre prós e contras. As decisões realmente envolvem algum grau de conflito, mas os resultados geralmente não apresentam consequências.

Há também as decisões morais. Suponha que a máquina de refrigerantes tenha lhe dado troco a mais. Você relataria isso? A maioria das pessoas não, embora saiba que o dinheiro extra não lhe pertence. Se uma amiga pedisse sua opinião a respeito de uma roupa, o que diria se achasse que a roupa não lhe caiu bem? Ensinaram-lhe que "honestidade é a melhor política", mas você faz exceções. Como decide que exceções são essas?

Estamos não só familiarizados com as regras de conduta, mas também usamos o nosso julgamento para decidir com que precisão as adotaremos. As pessoas variam em sua maneira de sujeitar-se às regras e costumes — com mais ou com menos rigor. Algumas aderem rigidamente a tudo que se refira a lei ou ordem ética. São pessoas que nunca dirigem acima do limite permitido de velocidade, que não contam mentiras "sociais" e que nunca atrasam o pagamento das contas. São pontuais e, geralmente, mantêm um esquema rígido. Essas pessoas sentem-se seguras em saber que sempre fazem a coisa correta.

No outro extremo, estão os indivíduos que se recusam a seguir as leis, a não ser sob ameaça de punição. Mentem para obter vantagens, ignoram horários e não se importam em se atrasar. O modo como se vestem e sua conduta anunciam ao mundo que são seus próprios donos.

Os conformistas rígidos e os não conformistas desafiadores têm um único padrão ao qual aderem, ou contra o qual se rebelam. Eles não precisam tomar muitas decisões, já que suas decisões são feitas mais ou menos por omissão. A maioria das pessoas, entretanto, opera entre o extremo da adesão rígida às leis e o desafio manifestado.

Em vez de ver o mundo em branco ou preto, a maioria enxerga as situações do cotidiano em nuances de cinza. Por causa dessa complexidade, continuamente nos confrontamos com decisões. Se estamos apressados, podemos virar à direita no farol vermelho, embora seja proibido. Ao recusar o convite para uma festa, dizemos que já temos compromisso para aquele dia, embora não seja verdade.

Muitas de nossas decisões tendem a ser influenciadas pelas circunstâncias. Suponha, por exemplo, que você preparou sua lista de supermercado e jurou segui-la à risca. No entanto, lá no supermercado, você nota uma oferta de sorvetes pela metade do preço. "É bom demais para deixar passar", você diz a si mesmo, embora esteja fazendo dieta. "É melhor comprar um pouco. Preciso estar preparado caso receba visita." Um outro exemplo: suponha que esteja dirigindo seu veículo rumo ao trabalho e, de repente, alguém corta a sua frente. O correto seria dar um espaço para o outro motorista, mas você deseja mostrar sua contrariedade. O que você escolhe?

Sua decisão será determinada pela intensidade relativa das forças que existem dentro de você. Uma parte sua está consciente da coisa "certa" a fazer, mas uma outra vivencia desejos e sentimentos que exigem perfeição. Há, também, uma terceira força que tenta se expressar, convencendo-o de que deve agir dentro das normas. Algumas pessoas chamam essa força de "a voz da razão".

No exemplo do motorista que corta a sua frente, você provavelmente vivencia várias coisas: raiva do outro motorista, aborrecimento consigo mesmo por sentir-se furioso e a voz da razão que, no fundo de sua mente, tenta convencê-lo a se acalmar. Sua reação dependerá da força que for mais intensa no momento. Se sentir a raiva, buzinará, colará no carro da frente ou fará gestos grosseiros com a mão. Se a contrariedade consigo mesmo for mais forte, diminuirá a velocidade de forma submissa, mas talvez continue sentindo-se alterado. Se a voz da razão vencer, provavelmente diminuirá a velocidade e desviará seus pensamentos para outras coisas, deixando essa situação para trás, sem mais problemas.

Nos exemplos citados, provavelmente conseguiu reconhecer qual das forças representa o diabinho interior. É aquela sua parte que tem ânsia de fazer o outro motorista sofrer pelo que lhe fez. Todos nós temos tais sentimentos, mas nem sempre agimos tomados por eles. E a razão disso é que, como seres humanos, nosso cérebro se desenvolveu muito além do ponto de reagir impulsivamente a qualquer coisa ou a tudo.

Pesquisas recentes contribuíram muito para uma melhor compreensão do funcionamento fisiológico do cérebro. Certas áreas foram identificadas como responsáveis pelo controle de partes específicas do corpo. Por exemplo, os cientistas identificaram as áreas do cérebro que controlam a fala, a audição e a visão. Muitos distúrbios repentinos foram relacionados a determinadas áreas cerebrais. O estudo feito com pessoas que apresentam ferimentos cerebrais mostra-nos que certas lesões resultam em dificuldades de movimento, percepção e julgamento. Recentemente, houve avanços na identificação de certas regiões do cérebro que estão associadas à consciência, à raiva e a outras emoções intensas.

A ciência que estuda o cérebro ainda está engatinhando. Apesar dos avanços nas técnicas de visualização do cérebro e nas que medem sua atividade, ainda não há resposta definitiva sobre como a *mente* funciona. Ela não pode ser desvelada por raios X, por tomografia axial computadorizada ou ressonância magnética. Duas pessoas podem ter lesão numa mesma área, contudo, não apresentar reações e comportamentos idênticos. Ninguém ainda encontrou uma maneira de avaliar diretamente a inteligência e a personalidade. Testes de QI e de personalidade não medem traços reais, apenas avaliam respostas supostamente associadas aos traços em questão. Entretanto, apesar de ainda termos muito que aprender sobre a mente, é fato que já avançamos bastante, desde que os filósofos começaram a especulá-la séculos atrás.

PERSPECTIVA HISTÓRICA SOBRE O ESTUDO DA MENTE

Os estudos e as especulações sobre a mente datam de tempos tão remotos quanto a história escrita dos gregos e romanos. Até os dois últimos séculos, a maioria dos filósofos, teólogos e médicos atribuía o comportamento anormal e indesejável a forças externas, tais como demônios ou ira dos deuses. Uma exceção notável foi Hipócrates, que viveu por volta de 400 a.C. Ele descreveu quatro "humores" ou fluidos corporais: sangue, bile negra, bile amarela e fleuma. De acordo com Hipócrates, os problemas mentais eram supostamente o resultado de um desequilíbrio entre esses humores. Assim, acreditava-se que a melancolia (estado crônico de tristeza) se originava do excesso de bile negra. O temperamento instável era decorrente do excesso de sangue. A lentidão (ou preguiça) supostamente se originava de uma preponderância de fleuma, e dizia-se que o excesso de bile amarela causava ansiedade e irritabilidade.

Na Idade Média, a feitiçaria e a demonologia exerceram grande influência na sociedade. Acreditava-se que as pessoas que cometiam crimes ou agiam de forma incomum estavam possuídas ou amaldiçoadas. Vem dessa época a desculpa comum que até hoje usamos: "Ele estava com o diabo no corpo".

Só no final do século 19, o funcionamento da mente começou a ser estudado de forma sistemática. Sigmund Freud (1856-1939), um neurologista de Viena, estudou a hipnose, que estava no ápice da popularidade naquela época. Em estado de transe, as pessoas praticavam atos ou relatavam coisas alegando que voluntariamente não fariam/diriam aquilo. (Em alguns filmes e histórias, o enredo sugere que o hipnotizador exerça sobre o hipnotizado, em seu estado de transe, um controle mágico. Hoje em dia, ninguém pode ser forçado a fazer coisas, sob hipnose, que não realizariam em seu estado normal de vigília.) À época, Freud observou que, mesmo quando as pessoas não estavam hipnotizadas, não conseguiam explicar as razões de muitos de seus atos e sentimentos. Em outras palavras, seus motivos estavam fora de sua consciência.

Freud dedicou sua vida ao desenvolvimento da teoria da psicanálise, que dominou as sociedades americana e europeia ocidental durante a primeira metade do século 20. Desde então, muitos especialistas criticaram seu trabalho, basicamente porque suas teorias nunca foram "comprovadas". No entanto, ele deixou um legado que influenciou não apenas a psicoterapia e a medicina, como também os valores culturais. Sua principal contribuição foi introduzir a ideia de que a personalidade e o comportamento são determinados por poderosas forças internas. Ele inspirou não apenas profissionais, mas também as pessoas em geral a observarem o que há por baixo do óbvio, a pensarem sobre os mecanismos de defesa e os motivos inconscientes.

Está além do escopo deste livro aprofundarmos na teoria psicanalítica. Para a nossa finalidade, relevante é chamar a atenção para as forças internas da mente, porque o diabinho interior tem raízes nelas. Descreverei sucintamente alguns aspectos das teorias psicológicas que enfatizaram o papel dos motivos inconscientes. Tenha em mente que elas são teorias, não fatos. Essas teorias fornecem um modelo para a descrição de sentimentos e motivações que não podem ser observados ou medidos diretamente. Elas são úteis para que tenhamos uma compreensão de nós mesmos baseada em vários pontos de vista, mas, de modo algum, explicam ou são capazes de predizer *todos* os sentimentos e comportamentos humanos.

A teoria psicanalítica de Freud é muito complexa. Como base para a compreensão desse pestinha, precisamos apenas chamar a atenção para a descrição que ele faz dos principais componentes da mente. Freud afirmou que a mente é constituída por três forças principais. Os estudantes de psicologia reconhecerão os termos *id*, *ego* e *superego*. Acreditam que essas forças sejam estimuladas por nossa energia mental ou *psíquica* e que interagem entre si. De acordo com Freud, elas operam inconscientemente, abaixo do nosso nível de consciência.

UMA ILUSTRAÇÃO SIMPLIFICADA DA VISÃO DE FREUD SOBRE A MENTE

Uma forma conveniente de retratar a teoria das forças mentais de Freud é pela comparação com os personagens de um programa popular de TV, Vila Sésamo. Não sei se os criadores desse programa estavam cientes de que certos personagens refletiam os conceitos de Freud, mas são notavelmente representativos. Vamos examiná-los.

Freud observou que, dentro de todos nós, há um impulso básico e primitivo de satisfazer todos os nossos desejos para obter o máximo de prazer e minimizar a dor. Chamou-o de id. O id aproxima-se do personagem Come-Come do Vila Sésamo. Come-Come é puro impulso, com apenas um objetivo em mente: conseguir biscoitos. Como é um programa infantil, o Vila Sésamo apresenta essa criatura como sendo gentil, mas você pode imaginar o que aconteceria se o Come-Come ficasse furioso. Ele poderia se transformar num malcriado de verdade. Assim, nosso diabinho interior é, de alguma forma, parecido com o Come-Come, mas só que está mais para um Come-Come cheio de atitudes.

Em oposição ao nosso id, está o conceito de superego de Freud. O personagem Beto personifica o diabinho. Ele representa a figura paterna severa, para quem as regras da sociedade são muito importantes. Todos nós temos um pouco do Beto dentro de nós. Ele é cheio de valores, moral ou consciência. Freud o chama de superego. Essa é a parte de nossa personalidade que nos torna éticos, que distingue o certo do errado e que nos guia nas nossas decisões. O *superego* está sempre tentando conter os impulsos do id.

Finalmente, há o ego, que serve como um mediador entre o id e o superego. Ele tenta gratificar os impulsos primitivos do id, mas de uma maneira aceitável para os limites impostos pelo superego. O personagem do Vila Sésamo que melhor define o ego é o amigo íntimo de

Beto, o Ênio. Ênio é o personagem brincalhão, que tenta conseguir tudo o que quer, mas não de forma impetuosa, desenfreada. Para atender a esses desejos, ele faz concessões, de forma a ficar dentro da lei, tal como ela é definida por Beto, ainda que ele a distorça um pouquinho. Um exemplo de Ênio como ego ocorreu num episódio recente do programa. Beto estava de mau humor, mas Ênio, como sempre, estava tão bem-humorado que queria cantar. Beto virou para Ênio e disse: "Faça um favor, Ênio. Não cante". Então, Ênio alegremente respondeu: "E se eu cantarolar só um pouquinho, uma melodia?"

A ação de ego também se revela na velha piada sobre o pai que, ao pegar seu filho brincando com os genitais, avisa-o de que aquilo poderia deixá-lo cego. Ao que o filho retorquiu: "E se eu continuar manipulando meus genitais só até eu precisar de óculos?"

Para resumir, nosso diabinho interior tem raízes numa força primitiva que exige gratificação imediata, sem considerar as consequências. Essa força é aquela que, em geral, causa problemas para nós mesmos e aos que nos cercam. A consciência e os princípios morais servem para refrear esse pestinha; mas como sabemos por experiência própria, nem sempre conseguem fazer isso com sucesso. Numa pessoa madura, a influência mediadora do ego consegue, com frequência, encontrar uma maneira de expressar os desejos e impulsos de uma forma não destrutiva.

Todos nós temos essas três forças dentro de nós. Essas forças são *dinâmicas*. Ou seja, estão sempre em movimento, disputando o controle. Sempre que reagimos a uma situação consciente ou inconscientemente decidimos qual força vencerá. Será o nosso impulso? Será "a coisa certa a ser feita"? Ou será algo entre esses dois polos?

Vamos considerar um exemplo: suponha que um colega de trabalho no escritório diga algo que o deixe completamente furioso. Você tem várias opções. Seu primeiro impulso poderá ser o de dar um murro na cara dessa pessoa. Esse seria o seu id, ou seja, a opção preferida do seu diabinho interior. Entretanto, seu superego (ou o seu "Beto") não veria com bons olhos tal comportamento, então talvez você escolhesse não dizer nada. Como alternativa, poderia dizer a si mesmo: "Aquela pessoa realmente me deixou furiosa. Não posso simplesmente ficar sentado e não fazer nada". Então, você diz alguma coisa sarcástica que exprime a raiva, porém de uma maneira disfarçada e civilizada. Dessa forma, você canaliza aquele ímpeto e o transforma em algo mais aceitável socialmente.

Embora todos nós saibamos distinguir o certo do errado, nem sempre é fácil seguir as regras à risca. Por exemplo, sabemos que não devemos mentir. Mas o que você faria se a anfitriã em uma festa lhe perguntasse: "Gostou do meu suflê de tofu com sardinhas?" e você o tivesse detestado? De alguma forma, precisamos pesar o que é certo e errado em face do que é desejável. E, nesse caso, você provavelmente prezaria a harmonia interpessoal a falar a verdade. Então, da mesma forma que não falaria sem pensar: "É a coisa mais detestável que já comi", também não diria: "É absolutamente deliciosa". Em vez disso, poderia limitar-se a dizer: "É muito interessante" ou "Você realmente sabe surpreender com pratos originais".

OUTRAS TEORIAS SOBRE A MENTE

Embora Freud seja a figura mais conhecida do início da psicanálise, ele não foi o único a propor a existência de forças inconscientes na mente. Carl Jung, contemporâneo de Freud, também apresentou o conceito do inconsciente. Mas a visão do inconsciente que Jung tinha era diferente. A partir de seus estudos de filosofia, religião, mitos, símbolos, e também por suas observações sobre pacientes com problemas mentais, ele concluiu que certas predisposições e tendências eram herdadas de gerações anteriores e permaneciam em todas as pessoas. Jung referiu-se a isso como o "inconsciente coletivo". O inconsciente coletivo é constituído de unidades chamadas *arquétipos*. Os arquétipos são agrupamentos de tendências às quais o indivíduo tem de reagir (coisas e acontecimentos de determinada maneira). Por exemplo, o arquétipo da "mãe" é a experiência acumulada das reações de ancestrais (mães, avós, madrastas etc.). Quando você pensa no termo *mãe*, tem uma sensação imediata do que isso significa — boa ou ruim. De acordo com Jung, os bebês nascem com um arquétipo internalizado de mãe, tanto que, intuitivamente, eles sabem o que é uma mãe e o que esperar dela.

Jung descreveu inúmeros arquétipos, entre os quais incluem: a Grande Mãe, o Herói, a Criança, o Trapaceiro e a Sombra. Dos arquétipos, o que nos interessa particularmente é a Sombra, o arquétipo que simboliza os instintos animais da natureza humana. Ela é o depositário dos motivos e tendências inaceitáveis, o lado nosso cuja existência preferimos não admitir. Até certo ponto, o arquétipo da Sombra assemelha-se tanto ao conceito de id de Freud como à nossa presente concepção de diabinho interior.

Na década de 1950, o psiquiatra Eric Berne desenvolveu a Teoria da Análise Transacional. Ele também abraçou a ideia das forças e imagens inconscientes da mente, mas apresentou-as em termos do ponto de vista da interação do indivíduo com outras pessoas. Berne propôs três estados principais da mente, chamados de *estados do ego*, e que não são iguais à definição do ego de Freud.

Esses estados do ego são conjuntos de padrões de comportamento associados a emoções correspondentes. Berne identificou três padrões principais: o Pai, o Adulto e a Criança. Cada estado do ego engloba um conjunto de pensamentos e emoções, uma linguagem, uma voz, uma postura e outras características comportamentais. O estado do ego Pai compreende as regras e os valores dos pais e daqueles que cuidam do indivíduo. O estado do ego Adulto funciona um pouco como um computador objetivo, avaliando as situações de forma lógica e prevendo resultados. O estado de ego Criança representa os elementos arcaicos que estão presentes na infância do indivíduo. Berne descreveu dois tipos de estado: a *criança adaptada*, que se comporta conforme o desejo dos pais; e a *criança natural*, que quer ser espontânea e/ou criativa. Todos nós possuímos esses estados dentro de nós, com a predominância de um em dado momento.

Até certo ponto, a teoria de Berne se assemelha à de Freud. O estado de ego Criança assemelha-se ao id. O estado de ego Adulto é semelhante ao conceito de ego de Freud. E o estado de ego Pai é o reminiscente do superego de Freud. E assim como Freud, Berne supôs que os três estados se interagem e que os problemas emocionais decorrem de um desequilíbrio entre eles. Por exemplo, o estado de ego Adulto é geralmente considerado o mais maduro. Entretanto, uma pessoa que é sempre lógica e objetiva (como o senhor Spock de *Jornada nas Estrelas*), carece de criatividade e divertimento na vida. Por outro lado, uma pessoa que exige liberdade de expressão e vive o momento, no estado de ego Criança, é errática, instável e tem carência de satisfação a longo prazo. Quando quem predomina é o estado do ego Pai, cheio de princípios morais, voltado às regras, a pessoa pode se tornar muito rígida e intolerante.

Embora haja semelhanças na visão de mente entre Berne e Freud, Berne discordou da afirmação de Freud, de que as forças dentro da mente são inconscientes. Berne sustentou que podemos ter consciência do estado de ego em que estamos. Muitos de nós sabemos muito bem quando estamos nos comportando com o jeito espontâneo da Criança, quando estamos sendo mandões e dominadores, do estado Pai, ou quando usamos o raciocínio lógico do Adulto.

O diabinho interior também é um estado de que geralmente temos consciência. Essa criaturinha (como eu a concebo) é mais parecida com o estado do ego *criança espontânea* do Berne, porém sua espontaneidade é expressa de forma impulsiva. Quando refletimos sobre nosso próprio comportamento, geralmente conseguimos identificar quando agimos de forma malcriada. E também de maneira semelhante à ênfase dada por Berne à interação interpessoal, o diabinho interior também se expressa mais intensamente na relação com outras pessoas. Lembre-se do caso de Emily, que tinha um problema de temperamento e despejava a raiva na família.

As teorias apresentadas acima mostram diferentes maneiras para se compreender como a mente funciona. Em vez de atribuirmos nossos pensamentos e atos a elementos externos ou demônios, podemos imaginar forças internas reais que interagem umas com as outras. É conveniente rotular essas forças, mas é importante também lembrar que tais rótulos baseiam-se em teorias, não em áreas — especificamente, o diabinho interior está disponível à nossa percepção consciente.

ABORDAGENS RECENTES SOBRE A MENTE E SEU FUNCIONAMENTO

Cada vez mais especialistas em saúde mental reconhecem que, ainda que nossa mente englobe as lembranças e motivações de que não temos consciência, não estamos à mercê de forças mentais involuntárias. Pesquisas demonstraram que temos alto grau de consciência e de capacidade para nos autodirigirmos. Hoje, podemos não apenas nos compreender melhor, mas também fazer algo para mudar os pensamentos, hábitos e emoções que nos incomodam.

Uma das técnicas de maior êxito utilizadas para ajudar pessoas a terem *insight* — uma compreensão mais clara de si mesmas — e a aprenderem estratégias para enfrentar esses problemas é a abordagem *cognitiva*. A premissa básica dessa abordagem é que não são as coisas ou as pessoas que nos deixam aborrecidos ou perturbados, mas, sim, as suposições que fazemos e o que dizemos a nós mesmos sobre essas situações. Por exemplo, digamos que você combinou de encontrar alguém para almoçar, mas a pessoa não apareceu. Sua primeira inclinação pode ser a de ficar furioso, depois de esperar por mais de meia hora, podendo continuar bravo o resto do dia. Suponha, entretanto, que sua amiga telefonou mais tarde, desculpando-se por mantê-lo esperando, e explica que se envolveu num acidente de carro e foi levada ao hospital de ambulância. Você ainda continuaria bravo nesse caso? Claro que não.

No primeiro momento, a razão pela qual ficou bravo foi por conta de *suposições* que fez a respeito do atraso dela — hipóteses, que provavelmente incluíam palavras como "desrespeito", "grosseria" ou outros termos pejorativos. Acrescente a isso algumas frases do tipo "Eu me recuso a ser tratado desse jeito" e você está pronto para o ressentimento. Entretanto, no segundo momento, suas suposições mudaram. Quando tomou conhecimento de um conjunto de fatos diferentes, não atribuiu mais aquelas características negativas à sua amiga. Consequentemente, não mais ficou furioso.

A abordagem cognitiva dos problemas humanos tem se mostrado eficaz na psicoterapia. Na verdade, em alguns estudos, ela se mostrou mais eficaz que os medicamentos antidepressivos e ansiolíticos! É uma abordagem de senso comum, que coloca em você, e não no terapeuta, a responsabilidade pela sua melhora. Na verdade, uma pessoa não precisa estar em terapia para aprender e aplicar estratégias cognitivas.

A maior parte dos livros de autoajuda no mercado, hoje, trata os problemas do ponto de vista cognitivo. As técnicas cognitivas não são restritas à área da saúde mental. Há mais de trezentos anos, *Hamlet* de Shakespeare disse: "Não há nada bom ou mau, é o pensamento que o torna assim"[6]. Muitas filosofias e religiões acreditam que somos os responsáveis por nosso próprio prazer e sofrimento. Uma das quatro "verdades" do budismo, por exemplo, diz que nossas insatisfações originam-se dentro de nós mesmos — por ignorância, por estarmos cegos à realidade objetiva ou por simples desejo. Na vida moderna, estamos familiarizados com a frase. "Tudo depende de seu ponto de vista".

Algumas pessoas usam as estratégias mentais cognitivas intuitivamente no seu cotidiano. Elas não se aborrecem facilmente; tocam a vida e não guardam ressentimentos. Essas pessoas têm menos problemas do que nós? Provavelmente não. O que elas têm é uma visão realista da vida. Não insistem que tudo deve ser perfeito, nem acham que todos devem gostar delas. Elas ilustram o ditado: "Se a vida lhe der limões, faça uma limonada". Ao mesmo tempo, elas não fingem, necessariamente, que tudo é maravilhoso. Essas pessoas utilizam as técnicas cognitivas naturalmente. Já que nem todos nós conseguimos ser tão intuitivamente adaptáveis, a boa notícia é que não é difícil aprendê-las.

Um dos mais proeminentes especialistas no campo das técnicas de base cognitiva é Albert Ellis, Ph.D e fundador da escola de Terapia Racional-Emotiva e Comportamental (TREC). Suas técnicas têm sido adotadas por profissionais da área de saúde mental no mundo todo. O doutor Ellis reconhece que somos moldados pelo passado, mas, para pôr um fim no sofrimento emocional, devemos nos concentrar no presente. Ele também admite que muitas das nossas suposições não são totalmente conscientes, mas que com um autoexame cuidadoso podemos tanto descobri-las, expô-las, questioná-las, como também substituir crenças e hipóteses que não funcionam por outras mais racionais, realistas e produtivas. Ellis esboçou várias "crenças irracionais" que distorcem a percepção das pessoas. Alguns exemplos de crenças irracionais:

- Eu preciso do amor e da aprovação das pessoas que são significativas para mim e devo evitar a desaprovação de quem quer que seja.

- Minha infelicidade é causada por coisas que estão fora de meu controle, portanto há muito pouco que eu posso fazer para me sentir melhor.

- As coisas têm que ser do jeito que eu quero que sejam; caso contrário, a vida será intolerável.

- Eu não deveria sentir desconforto nem dor. Não suporto o sofrimento, nem incômodos, e devo evitá-los a qualquer custo.

- Todo problema deve ter uma solução, e é insuportável quando ela não é encontrada.

Além de distorcermos as nossas percepções com crenças irracionais, Ellis salienta que adotamos certos processos de pensamento que transformam nossas preocupações em catástrofes. Por exemplo, quando rotulamos algo de *horrível* ou *terrível*, é claro que a sensação é opressiva. Quando dizemos a nós mesmos: "Não suporto isso" ou "Ele não devia ser daquele jeito", intensificamos a nossa frustração.

Não é difícil reconhecer o diabinho interior nas crenças e afirmações precedentes. O seu pestinha, no caso, é aquela parte sua que faz exigências; ele quer o que quer, na hora que quer e não se importa com quem ou o que é destruído no processo. Quando se pegar falando essas frases negativas, poderá atribuir isso a ele.

Uma pequena variação na abordagem cognitiva é a Técnica de Reconhecimento da Voz do Vício, introduzida por Jack Trimpey, um ex-alcoólico[7]. Ao contrário de muitos viciados que preferem acreditar que têm uma doença incurável, diante da qual são impotentes, Trimpey propõe que a mente é capaz de dominar até mesmo o pior dos impulsos. Assim como Freud, ele afirma que o apetite e o desejo são forças muito fortes e primitivas. Na verdade, ele chama essas forças de "A Fera". Trimpey salienta que, ao descobrir os truques mentais da Fera, uma pessoa pode dominar e controlar o seu próprio comportamento.

A Fera, de acordo com Trimpey, representa a parte primitiva do cérebro, semelhante ao de animais inferiores. A preocupação básica da Fera é com a sobrevivência física através da busca de prazer. Quando a Fera encontra prazer no álcool, no fumo, ou no alimento gostoso, ela exige cada vez mais. Aquela parte do cérebro chamada de Fera é a responsável pelo comportamento de adição a substâncias. Trimpey observa também que nós temos uma parte mais desenvolvida — o córtex — que nos distingue dos animais mais primitivos e que é capaz de, voluntariamente, conter demandas feitas pela Fera.

Trimpey mostra aos leitores como reconhecer quando a Fera está tentando assumir o controle. Ele descreve os truques que a Fera usa, tais como: fingir ser sua amiga, convencê-lo do motivo pelo qual você precisa de um drinque ou de um cigarro etc. Ela não tem em mente o seu bem-estar, embora finja ter. As mensagens da Fera são o que Trimpey chama de "Voz do Vício". A Fera é uma parte sinistra e perigosa de sua psique que deve ser destruída.

Como a Fera de Trimpey, o seu diabinho interior também "conversa" com você. Mas ele não é necessariamente mau ou sinistro, nem está determinado a prejudicá-lo. Ele fala com você por meio de suposições e crenças irracionais. O diabinho certamente quer maximizar o prazer e evitar a dor, e vai importuná-lo pelo máximo de tempo possível. No entanto, agora que você já tem uma ideia mais clara de como ele funciona, está no caminho certo para colocá-lo sob controle.

Este capítulo sumarizou alguns desenvolvimentos históricos sobre como vemos a mente. Foi apenas no último século que a mente foi estudada de forma sistemática. A visão popular atual combina fatores fisiológicos e mentais, tanto conscientes quanto inconscientes. O diabinho interior é um conceito que provém dessas teorias e métodos estabelecidos.

5

Quando as forças estão em desequilíbrio: a impulsividade

No capítulo anterior, descrevi a mente como uma mistura de forças conscientes e inconscientes. Todas essas forças trabalham em conjunto para tentar manter o equilíbrio ou a harmonia. Sem esse equilíbrio, o diabinho está pronto para emergir.

Para ilustrar isso, primeiro descreverei um pouco da bagagem teórica, depois mostrarei como isso se encaixa com o conceito de diabinho interior. Certos problemas de controle de impulsos são compreensíveis, tanto em termos de fatores psicológicos como culturais.

CONSIDERAÇÕES TEÓRICAS

Vejamos os conceitos de id, superego e ego. Eles representam respectivamente nossos apetites primitivos, nosso conhecimento internalizado de certo e errado e a nossa capacidade de raciocínio. Nós precisamos de todos eles para funcionar no mundo. De forma semelhante, os estados do ego de Berne — Criança, Pai e Adulto — refletem a complexidade da personalidade humana e sua tendência de abordar diferentes tipos de situações de diversas maneiras. Jung, um contemporâneo de Freud, propôs o conceito de inconsciente coletivo, no qual estão depositadas as inclinações de percepção e de reação de nossos ancestrais.

O que todas essas teorias têm em comum é a suposição de que entidades subjacentes a nossas personalidades não são inertes e imutáveis, mas estão em fluxo constante, competindo umas com as outras. Por exemplo, apliquemos os conceitos de Berne à situação de você estar assistindo a uma peça de teatro. O seu estado de ego Criança talvez reaja com admiração, quando os atores aparecem em seus trajes. À medida que mergulha na história retratada no palco, sua Criança pode respirar ofegante por alguma momento de suspense. No intervalo, a sua Criança pode diminuir de intensidade, sendo suplantada pelo Pai ou Adulto. Imagine que você observa um grupo de pessoas num canto do saguão, rindo e se acotovelando. Se considera que elas estão se comportando de maneira imatura e as observa com desdém, é o seu estado de ego Pai que percebe isso. Se você as observa com uma atitude imparcial, conjeturando qual foi a piada, então é o seu estado de ego Adulto que está predominando no momento.

De maneira semelhante, Freud descreve a mente humana como um sistema hidráulico, com pressões do id, ego e superego mudando de um lado para o outro, lutando para se expressar. Os arquétipos de Jung (predisposições emocionais herdadas) são descritos em termos de opostos. Por exemplo, o arquétipo do Herói é o oposto do arquétipo do Demônio. O Animus, ou arquétipo masculino, é contrabalançado pelo arquétipo feminino, Anima. Dentro do arquétipo da Grande Mãe, há tanto a mãe generosa e gentil, quanto a má, a mãe tipo bruxa. Todos esses arquétipos encontram forma de expressão em várias épocas de nossa vida e podem até conflitar uns com os outros.

Todos os especialistas salientam que há muitas facetas em nossa personalidade, algumas das quais temos consciência, e de outras não. Essas facetas oscilam em intensidade e na sua subsequente expressão de nossos pensamentos, sentimentos e comportamentos. Quando um componente predomina, os outros ficam em segundo plano. Quando um dos elementos do segundo plano da personalidade é desencadeado, ele se torna o predominante. É um movimento contínuo de equilíbrio.

As personalidades das pessoas diferem umas das outras, em parte pelo modo como as várias facetas interagem. Algumas pessoas se agigantam com a excitação e a crise, enquanto outras entram em pânico ao se depararem com o inesperado. Algumas são espalhafatosas e barulhentas, enquanto outras demonstram um comportamento calmo. Algumas são mais ponderadas, outras tomam decisões rápidas. Embora as pessoas tenham certos padrões e preferências, ninguém é virtualmente o mesmo o tempo todo. Mesmo pessoas agitadas são tranquilas parte do tempo. Até as pessoas reservadas e discretas podem, às vezes, enfrentar uma emergência sem hesitação.

Embora seja possível comportarmo-nos de maneira não habitual, não nos sentimos bem fazendo isso por muito tempo. Por exemplo, veja o caso de Trudy, que se descreveu como uma pessoa tímida. Ela vai a festas e conversa com as pessoas. Ela se sai tão bem, que ninguém imagina que seja acanhada. Mas é possível que ela precise de alguns dias para que se sinta novamente em condições de manter relações sociais.

Já Craig adora contatos sociais; odeia ficar sozinho. Mas uma recente nevasca, com interrupção na energia elétrica, o manteve isolado, sem telefone, sem *e-mails* e sem nenhum contato por dois dias. Ele tentou tirar o máximo proveito da situação dizendo a si mesmo: "É um bom momento para pôr a leitura em dia". Mas, depois de uma hora mais ou menos, começou a ficar impaciente. Então, pegou o telefone — ainda mudo. Olhou pela janela — ainda nevava e ventava. Ninguém lá fora. Assim que a tempestade amainou, Craig foi o primeiro a sair à rua em busca de contato humano. Se Trudy tivesse ficado presa naquela situação, certamente não teria experimentado o mesmo desconforto por ficar sozinha.

Conseguimos nos comportar de maneira que não nos é habitual, mas isso exige grande esforço. Portanto, quando fazemos isso, geralmente buscamos reduzir a frequência e o tempo gasto. Em geral, funcionamos numa faixa limitada de pensamentos e comportamentos que nos são confortáveis.

Há três abordagens básicas de lidar com o mundo que dependem da faceta da personalidade predominante. Algumas pessoas se dedicam ao trabalho e à produtividade grande parte do tempo — Eric Berne as definiria como estado de ego Pai; Freud diria que são controladas pelo superego; e, em termos de Vila Sésamo, elas são os "Betos" do mundo. Lembre-se de que elas não são sempre sérias. Elas também se divertem, mas retornam à seriedade de forma quase automática. Em casos extremos, tais indivíduos têm dificuldade para relaxar e se soltar.

Um outro tipo de pessoa prefere uma abordagem mais relaxada na vida. Não são tão preocupadas nem em manter um esquema de horários rígidos, nem em seguir regras à risca. Contudo, podem ser racionais e produtivas. Quando os prazos finais se aproximam ou quando há consequências legais envolvidas, essas pessoas são capazes de se submeter e adotar padrões rígidos, mas tão logo a pressão cesse, elas retomam seu estilo de vida preferido. Tais indivíduos estão predominantemente no estado de ego Adulto, segundo a definição de Berne.

Um terceiro modo de funcionar no mundo é reagindo ao impulso. É o que Freud descreveria como uma personalidade dominada pelo id. Como mencionei no capítulo anterior, é semelhante ao personagem Come-Come do Vila Sésamo. Pessoas impulsivas não pensam antes de agir ou falar. Estão sempre em apuros nos relacionamentos. Fazem promessas a si mesmas e aos outros, mas não as cumprem. Elas não são necessariamente irresponsáveis ou indelicadas — ou pelo menos não gostam de se ver como tais. Mas, como o equilíbrio de suas forças mentais tende à espontaneidade, e como a maioria das pessoas faz sempre o que lhes parece normal, elas continuarão a repetir os mesmos erros; serão governadas pelo diabinho interior.

SERIA UM BECO SEM SAÍDA?

Acabei de ilustrar como nós funcionamos dentro de uma faixa limitada de pensamentos, sentimentos e comportamentos que forma a base de uma zona de conforto, ou o que eu chamo de "velocidade de cruzeiro". Sempre tendemos a voltar a essa velocidade constante. Isso quer dizer que estamos condenados a continuar com nossos hábitos prejudiciais?

A resposta é sim e não. Adoraria dizer que é fácil mudar a personalidade, que só precisaria seguir três, sete ou dez passos. Adoraria, mas não posso, porque tal fórmula não existe. Além do que, a personalidade da maioria das pessoas já está quase formada ao alcançar a adolescência. No entanto, é possível mudar alguns pensamentos e comportamentos. É também possível fazer pequenas modificações, de forma que o que inicialmente era contraproducente se torne benéfico. Mas dá trabalho.

Considere o caso de Norman, um homem cheio de energia de 27 anos. Quando criança, Norman nunca conseguiu sentar-se quieto na escola. Ele falava alto durante as aulas. Suas mãos estavam sempre ocupadas mexendo na caneta, nos papéis, nos elásticos. Felizmente, ele era um jovem inteligente e conseguiu formar-se com louvor no colegial, apesar de raramente ter completado suas tarefas de casa a tempo. Norman foi para a faculdade, mas, por nunca ter tido perfil característico de um bom estudante, foi jubilado no primeiro semestre. Apesar de não ter se surpreendido com o fracasso, ele se abateu, especialmente por sentir que havia decepcionado os pais.

Quando Norman veio me procurar, havia sido demitido de vários empregos por vários motivos, dentre eles: atraso crônico, não entrega do trabalho e falta de atenção a detalhes. Recentemente, havia voltado para a casa dos pais por não ter condições financeiras de se manter em seu apartamento. Ele se queixou de que eles estavam sempre perguntando o que ele pretendia fazer da vida e quando iria finalmente crescer. Norman estava bravo com eles, mas também consigo mesmo. Sentia-se um fracasso.

Enquanto conversávamos, pude conhecê-lo um pouco mais. Embora não fosse de ler muito, ele parecia informado sobre os acontecimentos presentes (explicou que ouvia os noticiários no rádio durante várias horas por dia). Possuía muitos amigos, para os quais faria qualquer coisa se precisassem de ajuda. Ele tinha grandes ideias para um negócio internacional, mas não havia feito nada para iniciá-lo. Conversamos sobre o que atrapalhava o seu sucesso. Norman tinha um monte de desculpas: não possuía capital para iniciar um negócio, ninguém queria lhe dar uma oportunidade, não conseguia vencer nem mesmo a barreira das recepcionistas para poder falar com quem tinha condições de ajudá-lo. Eram somente motivos externos. Norman responsabilizava as situações e pessoas por sua falta de êxito.

Finalmente sugeri que talvez ele tivesse algo a ver com tudo aquilo. Reconheceu que realmente lhe faltava disciplina, mas falou quase com orgulho: "Não sou uma pessoa de trabalhar das nove às cinco". E prosseguiu indignado: "Nunca fui e nunca serei". Sua atitude parecia querer dizer: "Nunca vou mudar, portanto o mundo deve se adaptar a mim". Era evidente que Norman tinha um diabinho interior bastante forte que não gostava de prestar contas a ninguém. Ele simplesmente queria fazer o que desejasse e quando quisesse. Seu pestinha não era mal-intencionado; era simplesmente indisciplinado.

Durante as semanas seguintes, trabalhamos para educar o seu diabinho. Ele mudou certos pensamentos e comportamentos e organizou seu ambiente de trabalho de forma que isso pudesse contribuir para um estilo de vida mais disciplinado e que, ao mesmo tempo, lhe proporcionasse bastante liberdade para ser espontâneo. Não foi fácil. Na verdade, durante as primeiras semanas, Norman reclamou que se sentia "artificial". Mas ao ver os resultados positivos do negócio que começava decolar, achou mais fácil manter-se no rumo.

Norman não havia transformado sua personalidade. Ele continuava sendo o sujeito prestativo e divertido de que todos gostavam, mas agora não mais encarava certos traços como imutáveis. Além disso, passou a assumir mais a responsabilidade de seus atos e a desfrutar dos benefícios de alcançar pequenos, mas sucessivos, objetivos. Norman continuava sendo ele mesmo, mas agora numa versão mais amadurecida. Antes, era dominado pelo seu diabinho, mas, finalmente, aprendeu a assumir o controle. Seu diabinho interior não desapareceu. Norman ainda precisava ficar atento diariamente, à maneira como ele influenciava suas decisões e seu comportamento. No início, sentia-se exausto com o esforço que tinha de fazer para exercer o controle. Mas, em pouco tempo, seu pestinha sossegou.

De vez em quando, Norman escorrega e volta aos velhos hábitos impulsivos, principalmente quando está muito estressado ou quando é atraído por algo que parece ser uma distração irresistível. Entretanto, agora que sabe que sua impulsividade é apenas produto daquela criancinha mimada que existe dentro dele, que é muito mais fácil entrar nos eixos novamente.

Alguns especialistas podem rotular Norman como portador de distúrbio de déficit de atenção. De fato, ele preenche muitos dos critérios diagnósticos, incluindo: excesso de distração, falta de atenção e hiperatividade. Alguns profissionais da área de saúde mental, depois de observarem tais sintomas, sugeririam imediatamente uma medicação para ajudar Norman a "se acalmar". Eu não descartei a hipótese de enviá-lo a um médico para avaliar a necessidade de intervenção medicamentosa. Mas primeiro queria observar o quanto aprenderia a se controlar. Norman estava motivado a fazer isso, mas precisava desenvolver algumas habilidades. Porém, depois de começar a colocá-las em prática, ele não mais exibiu o padrão de comportamento típico do distúrbio do déficit de atenção.

DISTÚRBIO DO DÉFICIT DE ATENÇÃO

O Distúrbio do Déficit de Atenção (DDA), também conhecido por Transtorno do Déficit de Atenção e Hiperatividade (TDAH), é um diagnóstico comum para pessoas que apresentam grande dificuldade em se concentrar e manter a atenção. Muitos são excessivamente irrequietos e impacientes, características que vêm desde a infância. O TDAH é mais do que a desatenção normal da infância. É comumente aceito que haja uma causa física adjacente e, embora a atividade cerebral de crianças com TDAH seja diferente das crianças normais, não há evidências conclusivas a respeito de uma causa física específica.

O atual *Manual diagnóstico e estatístico de transtornos mentais*, da Associação Psiquiátrica Americana (DSM IV), estima que 3 a 5% das crianças em idade escolar têm TDAH. Porém, muitas outras receberam o mesmo diagnóstico. Em algumas escolas dos Estados Unidos, 20% dos alunos receberam esse diagnóstico.

De acordo com o doutor Lawrence Diller, autor de *Running on Ritalin*, a medicação para TDAH (a mais comum delas é o metilfenidato, comercializada com o nome de Ritalina) é prescrita dez vezes mais às crianças americanas do que às da Europa e da Ásia industrializada. Desde 1990, houve um aumento de 700% no número de prescrições de Ritalina nos Estados Unidos. Oitenta e cinco por cento dos estimulantes mundiais são vendidos nos Estados Unidos.[8]

Qual a razão dessa onda repentina no uso do medicamento? É que ele funciona. Praticamente qualquer um que tome Ritalina, ou outro medicamento desse tipo, terá uma melhora na atenção. Você não precisa ter TDAH para usufruir desse benefício. O aspecto negativo é que pode haver muitos efeitos colaterais, alguns muito graves. Nervosismo e dificuldade para dormir são os mais comuns, podendo ocorrer também erupções cutâneas, problemas estomacais, dores de cabeça, perda de peso indesejada, palpitações e arritmias. Crianças que utilizam o medicamento podem apresentar atraso no crescimento. Além disso, o uso a longo prazo pode requerer um aumento na dose para manter o efeito terapêutico.

Antes de ligar para o médico e pedir uma pílula para combater seu comportamento impulsivo ou sua vida desorganizada, veja primeiro o que pode fazer para domar o seu diabinho interior. Talvez seja só isso que precise. Funcionou com o Norman.

DIAGNOSTICANDO O TDAH

Ninguém sabe por que tantas crianças são rotuladas como hiperativas, mas o principal motivo é que os critérios para o diagnóstico não são precisos. Não há um exame definitivo para TDAH. O diagnóstico envolve um processo de exame cuidadoso da história pregressa da criança e do ambiente familiar, e também da exclusão de outras possíveis razões para a hiperatividade ou distração, como problemas de saúde ou ansiedade. Pais e professores devem responder a questionários sobre o comportamento da criança; a criança deve ser submetida a testes de inteligência e/ou personalidade para afastar causas como deficiências de aprendizagem ou problemas emocionais subjacentes. Todas essas abordagens, analisadas em conjunto, ajudarão a determinar se a criança tem TDAH, mas a avaliação é ainda um tanto subjetiva e depende em grande parte da experiência e da linha adotada pelo médico.

Dessa forma, dois profissionais diferentes podem examinar uma mesma criança e chegar a diferentes conclusões. Um pode afirmar que a criança tem TDAH, enquanto o outro pode achar que os sintomas são similares ao TDAH, mas não suficientemente fortes para justificar tal diagnóstico. Afinal de contas, qual é a criança que não é irrequieta, desatenta e impulsiva? Algumas são mais do que outras. Aquelas que são excessivamente assim, podemos chamar de portadoras de TDAH, mas não há concordância médica quanto ao ponto exato para tal classificação.

Além de critérios usados em diagnósticos que são imprecisos, as filosofias de tratamento contemporâneas buscam explicações fisiológicas para todos os problemas, inclusive para os problemas emocionais e comportamentais. Contudo, ao procurar por marcadores biológicos, os pesquisadores geralmente negligenciam importantes condições sociais e ambientais que promovem a distração e a desatenção. Isso será discutido mais à frente neste capítulo.

PROBLEMAS DE CONTROLE DE IMPULSO E A AUTOESTIMA

O TDAH é um dos muitos transtornos que resultam do controle insatisfatório de impulsos. Há algumas evidências científicas de que a impulsividade exacerbada seja causada por reações químicas no cérebro. Até o momento, no entanto, não foi isolada nenhuma substância química que explique a gama de problemas de controle de impulsos. Além do mais, quase tudo o que fazemos, pensamos e sentimos é resultado ou causa de alguma reação química em nosso corpo.

O diabinho interior está no âmago de muitos problemas que os profissionais de saúde mental chamam de distúrbios do controle de impulso, ou problemas de autorregulação. Pessoas que apresentam esses problemas normalmente não preveem as consequências de suas ações ou, se o fazem, não dão muita importância a elas. Essas pessoas têm problema com a autodisciplina. Como Norman, talvez tenham planos, mas não conseguem dar continuidade a eles. O lado triste é que acabam se privando da possibilidade de se sentirem competentes e bem-sucedidas.

Quando você se sente incompetente, dia após dia, sua autoestima é afetada. A baixa autoestima reduz a tolerância à frustração que, em troca, diminui a sua motivação para persistir diante das dificuldades.

Veja o caso se Steve, pai de duas crianças — de sete e quatro anos. Recentemente, ele e sua família passaram o dia num parque de diversões nas redondezas de sua casa. O dia começou bem. Mas, na hora do almoço, Steve perdeu a cabeça. O incidente parecia insignificante, porém não era a primeira vez que ele reagia furiosamente contra algo trivial.

Eis o que aconteceu: enquanto ele ficou com as crianças numa mesa de piquenique, sua esposa foi até a lanchonete comprar sanduíches para todos. Steve tinha lhe pedido para trazer um cachorro quente para ele. Quando sua esposa retornou com quatro sanduíches de *corn dog* [uma salsicha empanada servida num palito, muito popular nos EUA], ele ficou lívido. "Eu lhe disse que queria cachorro quente!", gritou. "Desculpe", respondeu sua esposa. "Pensei que você tivesse dito *corn dog*. Mas por que você não come este mesmo? A gente quase nunca come essas coisas, então acho que vamos gostar também." Mas ele estava inflexível. Comeu o lanche, mas reclamou o tempo todo. Embora sua esposa tivesse se oferecido para ir buscar um cachorro quente, ele apenas resmungou que a comida naquele parque já era bastante cara e que não jogaria mais dinheiro fora por causa da estupidez dela. Não conseguiu conter a raiva durante o resto da tarde; berrou com as crianças quando pediram algo para beber, ou quiseram ir ao banheiro. A família acabou indo embora mais cedo e permaneceu em silêncio durante todo o trajeto para casa.

O diabinho de Steve foi disparado pela sua frustração: ele esperava uma coisa para o almoço e acabou com outra. Essa frustração levou à agressão impulsiva contra os membros da família e estragou a tarde de todos. Todos nós ficamos irritados, às vezes, e reagimos com exagero. Entretanto, esse tipo de irritação ocorre semanalmente com Steve; depois ele se desculpa e promete a si mesmo e à esposa que não fará de novo. Mas, numa próxima vez em que se vir frustrado por algo, novamente esquecerá de controlar seu temperamento irascível.

A irritação de Steve não foi causada pelo sanduíche errado. A causa é bem mais profunda. O incidente do sanduíche foi apenas o gatilho. Embora ninguém saiba, ele está decepcionado consigo próprio. Ele havia imaginado a paternidade como uma "viagem a passeio" com seus filhos num clima de grande camaradagem. Agora eles têm medo dele. Ele não se sente bem-sucedido no papel de pai. Assim, quando é hora de agir como tal e ser parte da família, ele faz pouco esforço. Para fugir a isso, começou a ficar cada vez mais tempo no trabalho; dessa forma, suas explosões são menos frequentes, mas está mais distante de ser o pai que sonhava.

Como Steve, todos nós temos nossas explosões às vezes. Mas quando o exagero se torna um hábito, isso significa que deixamos nosso diabinho interior nos controlar mais do que seria bom e aceitável.

Nem toda impulsividade é ruim. Às vezes é útil não ter de parar e pensar sobre cada coisa. Por exemplo, quando você precisa se proteger de um assaltante que vem em sua direção, não dá tempo de planejar uma estratégia. Ou quando fica animado porque seu time marcou um gol, perderá seu entusiasmo espontâneo se pensar muito no que gritar.

A razão de você conseguir agir tão rapidamente nessas situações é que seu comportamento não é reprimido por forças de ação contrárias. Quando perseguido por um assaltante, a primeira coisa que surge em sua mente é fugir. Mesmo que tenha uma dor na perna ou fique sem fôlego, esses desconfortos não o farão diminuir muito o ritmo se sua vida correr perigo. Por outro lado, se sai para uma corrida matinal e a dor surge, você a notará muito mais e, talvez, diminuirá bem o ritmo. A dor inibirá a sua corrida. Tudo depende do que é mais importante no momento.

Todos nós temos impulsos, tanto positivos quanto negativos. Os impulsos negativos incluem comportamentos destrutivos como: comer, beber ou fumar em excesso, gastar dinheiro de forma irrefreável e agir explosivamente. As pessoas que apresentam esses problemas não aprenderam a inibir ou regular seus impulsos. Freud diria que elas têm um superego inadequado. Berne as descreveria como tendo uma personalidade dominada pela Criança. Eu vejo esse problema da inibição de impulsos como algo que emana do diabinho interior.

Independentemente das definições teóricas, a marca registrada do comportamento impulsivo é a ausência de certos freios. Comumente, quando estamos a ponto de dizer ou fazer algo inapropriado, paramos. Um homem pode ver uma mulher atraente e pensar: "Puxa, cara, como eu queria botar a mão nessa mulher", mas normalmente não diz isso em voz alta, porque outras partes de sua mente agem como um censor, inibindo suas palavras e atos. De mesma forma, alguém que está determinado a parar de fumar pode pensar "Como gostaria de um cigarro", mas não o pegará apesar do desejo intenso.

Agir por impulso significa agir sem levar em conta as consequências de seus atos. Pessoas, cujas vidas são governadas pelos impulsos, não percebem certas sutilezas e deixas no ambiente, o que as leva a tomar decisões ilógicas repetidamente. Não só apresentam dificuldades em deixar os maus hábitos, como também têm problemas em seus relacionamentos íntimos. Podem até mesmo se envolver em problemas legais.

Muitas pesquisas demonstram que as pessoas que conseguem resistir aos impulsos são, geralmente, mais felizes e têm mais êxito na vida. O psicólogo Daniel Goleman descreve em seu livro *Inteligência emocional*[9] um experimento simples realizado por Walter Mischel e colegas, com crianças de quatro anos de idade. As crianças foram colocadas sozinhas numa sala e receberam um *marshmallow* cada. Foi dito a elas que poderiam comer o *marshmallow* imediatamente, mas, se esperassem até que o adulto retornasse, elas então poderiam comer dois *marshmallows*, em vez de um. Os experimentadores ficaram numa sala contígua com espelho falso, observando e anotando as reações das crianças. Anos mais tarde, aquelas crianças que conseguiram esperar pelo segundo *marshmallow* não só se meteram em menos brigas na escola, alcançando seus objetivos com maior frequência, como também obtiveram uma média de pontos bem acima nos exames de admissão para a faculdade.

A capacidade de controlar os impulsos faz parte do que Goleman chama de inteligência emocional. Pessoas com alto quociente de inteligência emocional (QE) são mais conscientes de seus sentimentos e impulsos e têm mais capacidade para controlá-los. É evidente que essas pessoas vivenciam a frustração, mas não são dominadas por ela. Elas estabelecem metas e trabalham para alcançá-las, mesmo em face de obstáculos. Pessoas com alto QE têm controle sobre seu diabinho interior.

FATORES CULTURAIS QUE CONTRIBUEM PARA A IMPULSIVIDADE

Anteriormente, na seção sobre Transtorno de Déficit de Atenção e Hiperatividade (TDAH), especulei que o aumento na frequência desse diagnóstico deve-se, em parte, à imprecisão do diagnóstico e também à predileção por explicações fisiológicas para o comportamento anormal. Entretanto, fatores culturais são igualmente — senão mais — importantes, pois também implicam no fato de pessoas parecerem ter menos concentração, menos paciência, mais frustrações e pavio mais curto. Os meios de comunicação que se infiltram em nossa vida estimulam certas expectativas e experiências. Tornamo-nos uma cultura com períodos curtos de atenção e de gratificação imediata.

A cultura de ciclos curtos de atenção.

Ligue a TV em qualquer programa para crianças e adolescentes, e o ritmo o deixará tonto. A indústria do entretenimento apresenta esse ritmo rápido de propósito. Pesquisas mostraram que as pessoas prestam atenção às mudanças. Elas ficam mais alertas num ambiente em mudança constante e mais propensas a prestar atenção a um comercial publicitário em que a cor, o som e o movimento são intensos. Talvez essas expectativas expliquem por que os diagnósticos de TDAH aumentaram nos últimos anos. As pessoas não têm um ciclo longo de atenção, porque foram alimentadas com uma dieta de pedaços de sons, imagens cortadas, *slogans* de camisetas e frases curtas, espirituosas.

A cultura da gratificação instantânea.

Já houve um tempo em que o correio levava uma eternidade para mandar uma carta de Nova Iorque a São Francisco. Nos dias de hoje, com *e-mail* e fax, a mensagem chega em questão de segundos. Há não muito tempo, quando você pedia algo pelo correio, tinha de preparar-se para esperar um mês pela entrega. Hoje, você pode receber sua encomenda dentro de algumas horas. Por exemplo, em alguns *websites* comerciais da internet, se fizer o pedido antes da meia-noite, você o receberá na manhã seguinte.

Comer fora significava demorar uma hora e meia num restaurante. Você calculava esperar pelo menos vinte minutos pela refeição. Hoje em dia, com os restaurantes *fast-food*, tudo isso mudou. Você pode obter uma refeição em um minuto ou dois e nem precisa sair do carro.

Esperar por um serviço imediato virou a norma. Esperar dez minutos por um lanche no McDonald's parece uma eternidade. Se uma pessoa não responde imediatamente a um *e-mail*, ficamos impacientes. Embora possamos esperar uma semana por aquele CD que encomendamos, não ficamos nada felizes com isso. Embora seja conveniente ter informação e bens às mãos, queremos contar também com satisfação e resolução instantâneas em todas as áreas de nossa vida. Velocidade é o padrão pelo qual medimos o progresso.

Recentemente ouvi um comercial no rádio sobre um revolucionário dispositivo para abrir porta de garagem. Abre tão rápido que você consegue economizar até *seis segundos!* Se seis segundos fazem grande diferença em sua vida, então, ou você precisa arrumar mais espaço em sua agenda, ou possui problemas que vão além do escopo deste livro.

Rápido e fácil é melhor.

Não apenas esperamos satisfação imediata, mas também reações rápidas e instantâneas em nós e nos outros. Pessoas com reflexos rápidos são reverenciadas e recompensadas. Heróis do esporte, participantes de gincanas, entregadores de pizza, todos recebem reconhecimento por suas respostas rápidas.

Também esperamos adquirir conhecimento e perícia com o mínimo de esforço. Se fizer uma busca, com o cursor, no *website* de uma grande livraria por títulos de livros com as palavras "instante", "minuto" e "rápido e fácil", aparecerão milhares deles: *Cura emocional instantânea, O gerente minuto, A sabedoria minuto, O milionário instantâneo, A dieta milagrosa dos cinco dias, Dez dias, Simplificando o casamento, O manual do malabarismo instantâneo, Você tem um minuto?, Treino de toalete em menos de um dia, O guia definitivo da ginástica de um minuto — para ser feita por qualquer um, em qualquer lugar e a qualquer hora!* etc.

Esses livros demonstram que não apenas *podemos* nos tornar especialistas num assunto, mas também que *devemos* ser capazes de fazer isso num tempo bastante curto. Imagino que deva haver inúmeros leitores decepcionados e frustrados por não terem atingido os resultados desejados no tempo prometido. Observe, também, a popularidade do que chamo de Lições de Vida. São compilações de ditados expressivos e pequenas histórias que ensinam uma lição ou destacam um assunto. Livros como *Não faça tempestade em copo d'água* e *Contos para aquecer o coração* atendem às demandas de pessoas que querem encontrar o significado da vida, mas preferem absorvê-lo de forma compilada, em vez de descobrirem por si mesmas.

Livros do tipo rápido e fácil são também divulgados por profissionais. Francamente, não é nada reconfortante pensar que o sujeito que está reformando minha cozinha precisa consultar o livro *Eletricidade básica e rápida*, ou que meu médico possa depender de livros do tipo *A consulta pediátrica em cinco minutos* ou, ainda, *Consulta médica de emergência em cinco minutos*. Espero que não me apareçam com livros como *Cirurgia para idiotas*.

Qual o efeito de toda essa ênfase na velocidade e altas expectativas sobre a nossa psique? Estamos mais estressados e mais predispostos não só à frustração, mas também ao erro. Tente este experimento simples: copie quaisquer duas sentenças consecutivas desse livro. Escreva com uma caneta como faz normalmente. Depois chame alguém para ver você escrever as mesmas duas sentenças. Na segunda vez, escreva o mais rápido que puder. Instrua a pessoa que a observa a examinar cuidadosamente sua expressão facial, a maneira como você segura a caneta e o grau de pressão que coloca nela enquanto escreve. Depois de completar a tarefa, compare as duas amostras escritas. Se você for como a maioria, a segunda amostra, que foi produzida sob um estresse brando (isto é, sendo observado e feito com pressa) parecerá mais malfeito e menos gracioso. Quando estão estressadas, as pessoas têm mais propensão a expressar a frustração ao cometerem erros. Se já praticou esportes, você provavelmente já notou isso. Imagine a jogadora de tênis que perde uma bola após a outra. A primeira poderá não aborrecê-la tanto, mas após três ou quatro bolas perdidas, ela começará a se movimentar, pisando mais duro na quadra. Tal comportamento chega às raias da má-criação.

Os psicólogos definem a frustração como aquilo que acontece quando um resultado esperado não sucede. É ruim sentir-se frustrado. As pesquisas mostram que, além disso, quanto mais frustrados ficamos mais agressivos nos tornamos.

Com a nossa cultura enfatizando a velocidade, as altas expectativas e a gratificação imediata, as pessoas sentem-se mais frustradas e com mais frequência. E como frustração geralmente gera agressividade, vemos cada vez mais pessoas furiosas consigo mesmas e com os outros. Tais condições certamente contribuem para uma significativa epidemia de má-criação.

Chegamos ao ponto de aceitar e acreditar que devemos ser entretidos e estimulados, que não devemos esperar e que as habilidades devem ser aprendidas sem muito esforço. Além disso, se a vida não for fácil, temos o direito de reclamar ou de ter um acesso de raiva. Se não reconhecermos o lado impulsivo de nosso diabinho interior, continuaremos a nos sentir insatisfeitos e frustrados.

Você, leitor, agora já está familiarizado com o seu diabinho, mas reconhecê-lo apenas não é o suficiente. Você precisa trabalhar para domá-lo. Ao contrário dos títulos dos livros que mencionei, o problema com o esse pestinha não será resolvido em um minuto, dez dias ou em seis passos fáceis. Esse pensamento é fruto da cultura em que vivemos. Levará tempo. Mas não se desespere. O processo é gradual, mas definitivamente cumulativo. Isto é, cada passo que você der será somado aos anteriores e, logo, conseguirá olhar para trás e ver o quanto já caminhou.

Controlar os impulsos é um passo importante para domar o seu diabinho interior, mas não o suficiente. Você deve também aprender a reconhecer uma parte sua de que talvez não goste. No próximo capítulo, entenderá a origem principal de seu diabinho interior: o narcisismo.

6

Narcisismo: a origem de um jeito mimado de ser

A palavra "mimado" evoca a imagem de uma criança egocêntrica, cujo único propósito é satisfazer cada desejo e obter atenção em cada oportunidade. Mimados são excessivamente focados em si mesmos e, por definição, não mostram consideração pelos outros. Eles têm, também, o sentimento de "direitos" exacerbado. Acreditam que são especiais e que merecem ter sempre tudo que desejarem. Ao mesmo tempo, não sentem a menor obrigação de levar em conta as necessidades alheias.

Embora o egocentrismo seja muito comum numa criança, não é algo muito aceitável em um adulto. Quando um adulto demanda tratamento especial e é insensível às necessidades de outras pessoas, os especialistas em saúde mental chamam-no de *narcisista*. Os termos *narcisista* e *narcisismo* originaram-se da mitologia grega. De acordo com a história, Narciso era um jovem muito bonito, obcecado por sua própria beleza. Após rejeitar o amor de uma ninfa chamada Eco (que ficou tão ferida que desapareceu, menos a sua voz), os deuses puniram Narciso, fazendo-o apaixonar-se pela própria imagem refletida nas águas de um lago. Narciso ficou tão apaixonado por esse reflexo que se afogou, ao ir em busca de sua imagem refletida na água.

Hoje, a palavra "narcisismo" é empregada para se referir à preocupação excessiva de uma pessoa consigo mesma, a um sentimento de sentir-se especial e única, e de achar que merece ter privilégios. Embora as pessoas narcisistas pareçam transparecer um ar de superioridade e arrogância, elas não são necessariamente tão confiantes quanto parecem. Alguns especialistas em psicologia afirmam que, por baixo da aparência exterior de superconfiança, reside muita insegurança. Os narcisistas não conseguem tolerar nem as menores críticas, porque estas abalam sua autoestima basicamente frágil. Quando criticados, sentem-se profundamente ofendidos e reagem com exagero: seguros e exigentes num momento e vítimas feridas no momento seguinte. Todo esse comportamento paradoxal origina-se de sua preocupação excessiva com seus desejos e sentimentos.

JAKE

Após ser pego desfalcando seu chefe, Jake foi encaminhado a mim por seu advogado. Jake não achava que precisava de um psicoterapeuta, mas o advogado sugeriu que, já que era sua primeira transgressão, o juiz poderia imputar-lhe uma sentença mais leve se ele, voluntariamente, iniciasse um processo de psicoterapia. Sua "tarefa" era descobrir as razões psicológicas que o levaram a roubar seu patrão — pessoa com quem trabalhou durante cinco anos.

Quando Jake adentrou meu consultório, ninguém jamais imaginaria que ele não quisesse estar ali. Um homem bonito, bem vestido, usando uma colônia cara, que causou uma ótima primeira impressão. Era amigável, de fala mansa, e causou uma boa impressão visual. Ao sentar-se, comentou que meu consultório era agradável e fez algumas perguntas sobre os quadros na parede. Depois, perguntou-me há quanto tempo eu clinicava e onde havia estudado. Quando começou a fazer perguntas sobre minha família, eu o detive. "Obrigada pelo seu interesse", retruquei da forma mais diplomática que pude, "mas esta não é uma visita social. Estamos aqui para falar de você". Assim que mudei o foco da conversa, tornou-se evidente que Jake preferia ser ele o indagador.

Ele admitiu ter retirado dinheiro da empresa utilizando um esquema planejado, mas insistiu que pretendia repô-lo. Nenhuma vez utilizou os termos "fraudar", "roubar" ou mesmo "tomar emprestado". Sempre que se referia legalmente ao caso, empregava termos como: "a situação" ou "quando isso me aconteceu". Jake não conseguia entender por que seu patrão estava tão bravo com ele. Afinal de contas, ele havia se desculpado muitas e muitas vezes. O que mais o sujeito queria? "É claro que o dinheiro será devolvido, acrescentou. (Observe que ele não disse "Eu devolverei o dinheiro".)

Vi Jake mais duas vezes antes de sua sentença. Nessas sessões, ele falou dramaticamente sobre sua infância pobre; dos maus-tratos infligidos por seu pai e como havia conseguido superar isso; como tornou-se representante dos alunos no ensino médio e transformou--se num atleta de destaque em seu time de futebol. Nunca teve problemas para sair com garotas. Na verdade, à época, as meninas costumavam atirar-se aos seus braços e isso ainda acontecia. Jake declarou que não havia feito faculdade porque não precisava. Ganhar dinheiro nunca havia sido um problema, e ele não conseguia ver vantagem em "desperdiçar quatro anos lendo livros de pessoas mortas". Desde os dezenove anos, vestia roupas de grife, dirigia carros velozes e comia em restaurantes caros.

"Nunca tive essas coisas fáceis enquanto crescia" disse suavemente. "Trabalhei duro para tê-las e as mereço". E continuou: "Quando os negócios começaram a andar mal, eu ainda tinha que continuar pagando meus cartões de crédito e as prestações do carro. É claro que não poderia rebaixar a categoria de meu cartão de crédito. Portanto, não havia outra opção senão fazer uma transferência de fundos da companhia para a minha conta, até que os negócios decolassem novamente. Se a empresa não tivesse reduzido as atividades tão repentinamente, nada disso teria acontecido".

Jake não estava realmente interessado em conhecer mais sobre sua mente e como ela funcionava. Ele nunca me permitiu investigar, além do que estava preparado para me contar. Suspeitei que estivesse fazendo uso de drogas, mas ele rejeitou meu questionamento, considerando-o absurdo. Estava claro que a única razão de Jake ter vindo me ver era por causa da sugestão de seu advogado, que considerou que isso poderia ajudar na sua sentença. Em sua última sessão, alguns dias antes da audiência, ele pediu que eu escrevesse uma carta ao juiz. "O que eu quero que você lhe diga é o seguinte" ele ordenou. "Diga-lhe que o que aconteceu comigo foi apenas um deslize. Não acontecerá novamente, pois já aprendi a lição. Ah... e acrescente algo sobre a minha infância pobre, para obter a solidariedade do juiz." Repliquei que não poderia escrever tal carta, já que ele não parecia realmente comprometido em mudar seu comportamento. Apenas queria minimizar as consequências de seus atos.

Repentinamente, todo o charme de Jake desapareceu. "Pensei que você estava aqui para me ajudar", escarneceu. "Essas sessões foram puro desperdício, então. Não acredito que você possa fazer tal coisa comigo! Aqui estou eu, tentando cooperar, respondendo suas perguntas estúpidas, e você não vai escrever uma p***a de uma carta! Você sabe que eu não faço o tipo 'presidiário'". Jake estava enfurecido. Ele saiu bufando do meu consultório (sem pagar a conta, diga-se de passagem) e nunca mais apareceu.

Algumas semanas depois, fiquei sabendo que ele foi condenado a quinze meses de prisão. Não ficaria nada surpresa se ele convencesse seus companheiros de prisão de que estava lá por algum erro judicial.

A essa altura, o diabinho interior de Jake deve estar bem óbvio para você. Jake foi extremamente narcisista ao justificar seu comportamento desonesto e ao exprimir surpresa, quando não concordei com ele. Segundo ele, era necessário roubar seu patrão porque precisava manter seu estilo de vida caro, pois "trabalhara tanto" para alcançá-lo. Aquela exibição inicial de interesse e preocupação por mim tinha sido apenas uma manobra para me conquistar. Assim que percebeu que não estava obtendo o resultado desejado, não viu mais razões para ser cortês.

ORIGENS DO NARCISISMO

O caso de Jake é um exemplo extremo de narcisismo. Não é o característico. Mas todos nós temos tendências narcisistas em algum grau. Quando bebês, todos nós fomos egocêntricos. Nossas preocupações fundamentais eram fome e se estávamos molhados, sozinhos ou com frio. Como não possuíamos os meios para atender às nossas necessidades, dependíamos de nossos pais ou de outra pessoa. Além disso, como nesse estágio da vida ainda não tínhamos desenvolvido a fala, a única maneira de comunicar que precisávamos de algo era pelo choro ou espalhafato. Esse tipo de comportamento, geralmente, chamava a atenção de alguém rapidamente.

À medida que crescíamos, íamos aprendendo a esperar pela atenção e satisfação de nossas necessidades. Nem sempre era possível, para nossos pais, cuidar imediatamente de nós. Por exemplo: se estávamos fora de casa, em local público, e sentíssemos fome, levaria certo tempo até que nossos pais arrumassem um lugar onde pudessem nos alimentar. Se acordávamos de uma soneca, nossos resmungos nem sempre eram ouvidos imediatamente. Dessa forma, a maioria de nós aprendeu a esperar, confiando que o socorro viria finalmente.

No entanto, alguns remanescentes dessa necessidade desesperada de gratificação imediata permanecem no recôndito de nossas mentes. Quando estamos frustrados ou estressados, essa necessidade tende a ressurgir. Pense nas vezes em que disse a si mesmo: "Não aguento isso!" ou "Por favor, faça isso passar!" Nessas ocasiões, você se sentiu basicamente como quando era bebê e suas fraldas ficavam molhadas e desconfortáveis.

Provavelmente você não se lembra do quanto isso parecia crítico e importante; mas se observar bebês na mesma situação, poderá ter uma noção clara. Quando um bebê está desconfortável, ele fica dominado pela frustração e só consegue pensar nela. Se tentar distraí-lo, ele poderá parar com a agitação, mas apenas momentaneamente. Não se acalmará enquanto não se livrar do que provoca o desconforto.

Embora os adultos não fiquem frustrados com o mesmo tipo de situação dos bebês, suas reações ainda hoje são praticamente as mesmas de quando eram pequeninos. Isto é, fazem espalhafato, gritam e tornam--se exageradamente preocupados com o que os frustra, convencendo-se de que a situação é crítica e precisa ser solucionada IMEDIATAMENTE!

O diabinho interior é o componente egocêntrico de nossa mente que tem raiz na necessidade infantil de gratificação imediata. Desde então, aprendemos outras formas de satisfazer nossos impulsos e de lidar com as frustrações, e tendemos a depender dessas outras habilidades, principalmente porque são mais eficazes do que chutar e gritar.

As reações mais primitivas nunca são apagadas ou esquecidas. Elas ainda estão lá, prontas para emergir, sob certas condições mentais e ambientais, na forma de pensamentos e comportamentos típicos de uma criança interior malcriada.

Certas condições estimulam tais pensamentos, sentimentos e comportamentos, que discutiremos no capítulo 11. Por ora, é importante reconhecer que as características narcisistas são normais. Aparecem em todo mundo. Diferem de uma pessoa para outra em termos de como e quando são identificadas e expressas. As pessoas que aprendem a tolerar frustrações apresentam menos problemas com o seu pestinha do que aquelas que fazem tempestade em copo d'água e continuam dizendo a si mesmas: "Não posso suportar isso!"

Além da excessiva preocupação consigo mesmo, o narcisista engloba um sentimento de se achar merecedor de privilégios. Essas atitudes também se originam na primeira e na segunda infância. As necessidades dos bebês não são complexas. Eles sentem-se satisfeitos com amor e atenção, estimulação sensorial e mental, assim como com alimento e abrigo. A maioria dos pais pode facilmente fornecer tais prazeres ao bebê e, geralmente, o fazem quando ele pede. Assim, os bebês esperam receber o que desejam e quando desejam.

Por exemplo, quando um bebê está entediado, ele pode ficar inquieto, choramingar. Como a maior parte dos pais não tolera esse comportamento por muito tempo, acabam pegando o bebê no colo, embalando-o, falando de forma carinhosa ou fazendo alguma outra coisa para estimulá-lo; ele, então, para de chorar e todos ficam felizes. Um outro exemplo é da criancinha que se afasta da mãe, assusta-se com o ambiente estranho ao seu redor e volta correndo para ela. Não é muito difícil para a mãe pegá-la no colo e confortá-la. Em geral, os bebês e as crianças pequenas são facilmente saciados e aprendem a ter a expectativa de serem satisfeitas de imediato.

PRIMEIRO EU

Algumas pessoas nunca superam a expectativa de serem satisfeitas imediatamente. Você, provavelmente, conhece algumas delas, ou talvez seja uma delas. São pessoas que ficam indignadas quando ouvem que é para esperar a sua vez. Numa história apócrifa, atribuída a uma atendente de balcão de uma companhia aérea, aconteceu mais ou menos o seguinte: após um voo ser cancelado numa manhã muito movimentada, pediu-se aos passageiros que formassem uma fila para fazer uma nova reserva. Um senhor muito bem vestido caminhou até o balcão, tentando chamar a atenção da recepcionista apressada, no momento em que ela estava prestes a atender a próxima pessoa da fila. "Preciso embarcar no próximo voo o mais rápido possível", exigiu ele, abanando seu cartão de embarque anterior. "Sim senhor", respondeu a atendente. "Se puder esperar no final da fila, checarei o mais rápido que puder." O homem então subiu a voz em alguns decibéis: "Você sabe quem eu sou?", esbravejou. Àquela altura, a moça sorriu cordialmente, pegou o microfone e anunciou para que todos ouvissem. "Segurança, por favor, comparecer ao Portão 16. Temos um passageiro que esqueceu quem ele é". Essa história, como eu disse, pode não ser verdadeira, mas uma coisa é certa: há inúmeros indivíduos, como o retratado aqui, que esperam ser atendidos na hora, que não respeitam as necessidades alheias e nem mesmo reconhecem seu egoísmo. A abordagem narcisista do "primeiro eu" é uma expressão típica do diabinho interior.

Como mencionei no capítulo anterior, as influências da sociedade, especialmente dos meios de comunicação, difundiram a ideia de rapidez e satisfação instantânea como ideais. No entanto, a maioria das pessoas sabe diferenciar entre ter as coisas feitas rápido e eficientemente, por um lado, e desrespeitar os seus semelhantes, por outro. Só que, às vezes, agem como se não soubessem.

"EU SOU O REI DO MUNDO!"

Esse é o grito de euforia do jovem herói do filme Titanic na proa do majestoso navio. Todos nós gostamos de sentir aquela sensação de "não poder haver nada melhor do que isso", que ocorre quando estamos tomados pela alegria. Nesses momentos, sentimos como se o mundo só existisse para nós, mesmo que só por um momento. Para a maioria das pessoas, tais experiências extremas acontecem raramente. Mas pessoas que têm esse danadinho muito forte em si esperam que o mundo sempre gire ao seu redor. Seus desejos e vontades têm urgência. Seu trabalho é mais importante que o dos outros. Elas podem ter cometido um erro, mas esperam que você "deixe pra lá". Nada de ruim ou inconveniente pode acontecer a elas, a seus filhos ou mesmo a seus animais de estimação. Quando estão doentes ou chateadas, todo mundo tem de cuidar delas.

Não é difícil supor qual a origem dessa atitude. Novamente, vamos retroceder até a sua infância. Crianças pequenas são muito atraentes. Pais e adultos gostam de comentar entusiasmadamente sobre cada realização: o primeiro passo do Johnny, a primeira palavra de Mary, a primeira vez que Tommy usou o peniquinho para fazer xixi. Os pais tornam tais marcos um grande acontecimento. Não é surpresa, portanto, que as crianças passem a acreditar que o mundo gira ao redor delas. Em seu mundinho, isso acontece e elas esperam que tudo continue desse jeito.

Mas, à medida que crescem, deparam-se com uma dura realidade. Elas têm de aprender a dividir. Devem aprender a esperar. Precisam aprender que nem sempre são o centro do universo. Essa situação se torna clara quando um irmãozinho entra em cena e é posteriormente enfatizada quando começam a interagir com outras crianças na escola e no *playground*. O caminho para aprenderem a dividir a atenção dos pais pode ser muito espinhoso. As crianças não consultam manuais de treinamento; aprendem isso, principalmente, por ensaio e erro, e pelo exemplo.

Se os pais não estabelecem limites neste período de aprendizagem, as crianças continuarão a exigir cada vez mais e a esperar que suas exigências sejam satisfeitas imediatamente. Levando a extremos, os pais podem criar pequenos monstros em potencial. Isso foi ilustrado num episódio do programa de TV, da década de 1960, *Além da Imaginação*: um garoto de seis anos tem poderes mentais capazes de destruir objetos e pessoas apenas com seu desejo. Depois que a maior parte das pessoas se vão, as remanescentes atendem a cada capricho seu, mas se estremecem sempre que ele se sente minimamente aborrecido, com receio de serem deportadas para o milharal.

Normalmente não pensamos nas crianças como tendo todo esse poder, mas faça uma visita a qualquer supermercado, numa noite de sexta-feira, quando a maioria das pessoas faz suas compras semanais. Há uma grande chance de que você veja pais cansados, depois de uma semana difícil de trabalho, cedendo aos pedidos das crianças e comprando vários cereais matinais, biscoitos e outras porcariadas sem valor nutritivo somente para mantê-las quietas.

Um filme de treinamento para modificação de comportamento é aberto com uma cena de duas garotinhas. Uma delas está chupando um pirulito enorme. A outra pergunta onde ela o conseguiu. "Consegui choramingando", vangloria-se. "O quê?", pergunta a outra menina. "Então", respondeu a primeira "eu pedi um pirulito para a mamãe, mas ela disse 'não'. Daí pedi de novo e ela disse 'não' outra vez. Então comecei a choramingar e choramingar, e finalmente ela me deu." A mãe dessa garota, tendo cedido só para mantê-la quieta, tinha, involuntariamente, premiado a menina por choramingar. Não apenas tinha sido uma opção ruim para aquela situação específica, como também aumentou a probabilidade de que a menina choramingasse novamente sempre que quisesse algo. Ela não sabia, mas seu diabinho interior estava ganhando força.

BRENDA

Brenda era uma criança adorável. Aos quatro anos era capaz de ler e tocar minuetos de Bach em seu minúsculo violino e ficar de ponta-cabeça (não todas essas coisas ao mesmo tempo, é claro). Ela adorava exibir essas coisas para seus pais e outros parentes, que se maravilhavam com suas habilidades e esbanjavam elogios a ela. Quando seu irmãozinho nasceu, tudo mudou. Brenda não conseguia entender como o bebê, que não conseguia nem amarrar os sapatos, podia ser tão fascinante para os adultos. Seus pais ainda a viam ler e tocar violino; observavam-na enquanto dirigia sua motoca, mas sempre pareciam ter um olho no bebê. Era evidente para Brenda que ela deixou de ser o centro da atenção, por isso daria um jeito nisso. Ela se certificaria de que era notada.

Brenda tornou-se cada vez mais barulhenta e exigente. Se não a percebiam imediatamente, importunava as pessoas até que prestassem atenção nela. Durante os anos seguintes, ganhou a reputação de "exibida". Ninguém questionava o talento de Brenda, pois ela era mesmo primorosa. Entretanto, ela parecia querer prová-lo exageradamente. Por exemplo, ela se gabava por ter ganho a competição ortográfica na escola. Zombava das crianças que não sabiam ler as horas. Ela se pavoneava nas aulas de ginástica, virando cambalhotas na frente das crianças que estavam ainda começando a se equilibrar. Não tinha nenhuma amiga íntima, mas sua mãe dizia que era por causa de seu talento que provavelmente intimidava as outras crianças. E assegurava Brenda de que, quando chegasse à faculdade, encontraria mais pessoas parecidas com ela.

Já na faculdade, Brenda continuava com seu comportamento de chamar a atenção. Não conseguia entender por que não tinha amigos. Afinal de contas, ela era inteligente e divertida; quem *não quereria* associar-se a ela? Solitária e deprimida, marcou uma consulta com um psicólogo num centro de aconselhamento. Foi apenas a duas sessões e, esperando que ele fosse solidário e compreensivo, desabafou com ele. Contou-lhe que seus pais davam mais atenção ao irmão do que a ela e que não importava o quanto tentassem, eles nunca lhe davam o mesmo reconhecimento. Seu irmão precisava de acompanhamento extraescolar, em leitura e matemática. Quando ele obteve um conceito "B" no boletim, os pais vibraram. Mas quando ela tirou "B", demonstraram decepção e resmungaram, que ela poderia ter se saído melhor.

O psicólogo não se comoveu com sua história triste. "Então, diga-me", ele perguntou "qual é o problema?". "Estou deprimida", ela respondeu. "Todo mundo na faculdade parece tão feliz. São todos convidados para festas e reuniões. Meu telefone raramente toca e os únicos *e-mails* que recebo são sobre notificações de aula." "Do que você me contou", disse o psicólogo, "é bastante óbvio que está infeliz, mas você parece responsabilizar principalmente seus pais ou outras pessoas por isso. Até agora não ouvi você dizer o que está fazendo para melhorar a situação". Ele não se mostrou solidário. Brenda girou seus olhos para ele. "Se soubesse como melhorar a situação", retrucou indignada, "eu não precisaria vir até aqui, não é mesmo?" Com isso, ela disse que estava atrasada para outro compromisso e precisava ir.

Brenda retornou para a segunda sessão, mais porque seus pais convenceram-na, mas seu coração não estava lá. Quando o psicólogo tentou fazê-la entender que estava sendo egocêntrica, ela achou que ele não estava se importando com ela. E disse a si mesma: "Ele está me dizendo para superar isso, simplesmente". Num certo sentido, era isso mesmo. O diabinho interior de Brenda decidiu que ser o centro das atenções era de suma importância. Ela precisava de amigos e esperava que eles viessem até ela, e não o contrário. Como poderia esperar dela aproximar-se de outras pessoas e correr o risco de ser rejeitada?

Brenda foi criada acreditando que ser atraente e divertida era suficiente. Logo no início de sua vida, não precisou de muito esforço para conseguir atenção. Ela era daquelas crianças consideradas "uma gracinha". Entretanto, ser uma gracinha não basta. À medida que crescia, Brenda não aprendia a fazer concessões, a demonstrar solidariedade para com outros. Embora fosse divertida, as pessoas nunca sentiam dela que estivesse realmente preocupada com *elas*. Ela se tornara solitária porque havia se tornado preocupada demais com seus próprios desejos.

COMO NOS TORNAMOS ASSIM TÃO MIMADOS?

Há cinquenta anos, as crianças não retrucavam aos pais não necessariamente porque reverenciavam os mais velhos, mas porque se sentiam intimidadas por eles. As crianças de hoje não são muito intimidadas. Para entender a razão, vamos examinar a geração de seus pais — os *"baby boomers"*.

Os *baby boomers* receberam esse nome em virtude do surto populacional que ocorreu no pós-Segunda Guerra Mundial — época marcada por estabilidade econômica e prosperidade. Os sociólogos chamaram este acontecimento de *"baby boom"* por conta de seu impacto na sociedade. Novas escolas precisaram ser construídas para acomodar a multidão de novos alunos; mais professores foram contratados; *playgrounds* construídos. As mães ficavam em casa para cuidar de seus filhos, mas — em contraste com as gerações anteriores — elas tinham máquina de lavar roupas, aspirador de pó e outros aparelhos para facilitar o trabalho doméstico, o que lhes proporcionavam bastante tempo livre para ficar com os filhos. Também, muitas famílias recém-formadas viviam em comunidade, a certa distância de outros parentes. Pela primeira vez na história, as crianças tornaram-se o foco da comunidade. As prioridades não eram mais as necessidades dos familiares e parentes; em vez disso, os pais se concentraram nos filhos.

A televisão abriu caminho nos lares durante os anos 1950. Alguns dos programas mais populares eram voltados para as crianças. Como a televisão tornou-se uma atividade familiar popular, os anunciantes dirigiam suas mensagens às crianças, a ponto de instruí-las a pedir a seus pais para comprar cereais matinais, brinquedos e outros produtos. Nunca antes os filhos tiveram tanta influência sobre as decisões dos pais. Não era mais a questão: "dê às crianças aquilo de que necessitem", mas, sim, "dê às crianças o que quiserem".

A geração *baby boom*, literalmente, dirigiu a indústria da publicidade e do entretenimento. Como os *boomers* passaram por várias etapas de desenvolvimento, os anunciantes os acompanharam de perto, buscando tendências e tentando antever suas necessidades. Desde a tenra infância até a meia-idade, a geração *baby boom* tornou-se o foco central da economia americana. Eles foram primeiramente mimados por seus pais e, posteriormente, quando passaram a receber seus próprios salários, por eles mesmos.

A criação e a educação infantil centraram-se nos sentimentos e na autoestima dos filhos. Durante a década de 1950, o doutor Benjamin Spock, um pediatra americano, escreveu um livro que se tornou a bíblia dos pais para a criação de filhos saudáveis e felizes. Ele os aconselhou a tratar seus filhos com respeito e a levar em conta tanto suas necessidades físicas quanto psicológicas. Infelizmente, muitos pais acharam que isso significava eliminar completamente a disciplina. Concentraram-se demais nos sentimentos, temendo que a disciplina pudesse prejudicar a autoconfiança, a iniciativa e a criatividade das crianças.

Nos anos 1970, as escolas modificaram o currículo escolar, cheio de exercícios de ortografia e leitura, acrescentando atividades que supostamente seriam mais significativas, mas que, na realidade, eram apenas mais divertidas, pois acreditava-se que o tédio fosse nocivo às crianças. A coisa mais importante era ajudá-las a se sentirem bem consigo mesmas e a terem autoestima elevada. As pesquisas hoje mostram que apenas a autoestima não melhora o desempenho escolar. Na verdade, uma autoestima irreal e elevada suprime a vontade de melhorar.

A disciplina escolar tradicional também foi questionada nos anos 1970. Até então, os jovens deviam permanecer em suas carteiras, sentados por várias horas. Sempre havia alguns que não ficavam ou não conseguiam e eram mandados para a diretoria, ou recebiam lição extra para fazer. Algumas crianças recebiam castigos físicos. Os defensores das crianças, na década de 1970, recriminaram o castigo físico e conseguiram bani-lo legalmente da maioria dos estados americanos. De maneira geral, isso foi bom, já que as pesquisas demonstram que bater numa criança não a ensina a distinguir o certo do errado; apenas reprime seu comportamento, e isso se a figura da autoridade estiver presente, policiando ativamente a situação.

Esses defensores infantis foram longe demais ao recomendar que as escolas se adaptassem às crianças, em vez de exigir que elas se adaptassem ao ambiente escolar. Por exemplo, na tentativa de acomodar crianças que não ficavam sentadas em suas carteiras, as escolas experimentaram a utilização de salas de aula abertas, onde estações de aprendizagem substituíam as carteiras, e os professores ensinavam várias matérias num espaço amplo, sem paredes, para separar as diferentes áreas. Para o observador inexperiente, esse ambiente parecia muito desorganizado, mas os especialistas da época garantiam que as crianças desatentas eram capazes de aprender mais eficazmente num ambiente menos organizado; elas pareciam gostar desse ambiente. Não apresentavam problemas com a necessidade de circular pela sala de aula, porque aquilo já estava previsto. Tinham liberdade para fazer só o que quisessem e não tinham de aguentar a enfadonha lição de casa. Entretanto, seu desempenho e sua aprendizagem não melhoraram. A ideia de classe aberta foi um fracasso total.

Resumindo: esta nossa sociedade, excessivamente mimada, emergiu das circunstâncias sob as quais a geração *baby boom* cresceu: moradia, educação, produção, entretenimento e publicidade — tudo focado para um estilo de vida mais confortável. Com os outros familiares vivendo não mais tão próximos, as crianças da família nuclear, e não mais da grande família como um todo, tornaram-se o alvo das atenções. Os *baby boomers* tiveram a impressão de que o mundo girava em torno deles. E, no mundo deles, ele girava mesmo. A cultura na qual cresceram estimulava-os a uma visão narcisista de mundo: crianças mereciam ser atendidas em tudo, porque tudo o que faziam e pensavam era extraordinariamente importante.

É claro que nem todas as crianças cresceram com essa noção de serem o centro do mundo e merecedoras de privilégios. Estou me referindo a tendências e estatísticas para as quais há sempre exceções.

Outras influências, tais como circunstâncias específicas, traços de personalidade do indivíduo e suas interações, também afetam o modo como elas se veem e suas visões de mundo. Mas, de maneira geral, a geração *baby boom* era mais centrada em si mesma do que as anteriores.

Ser centrada em si mesma não é uma característica apenas da geração dos *baby boomers*; isso acabou tornando-se muito forte em nossa cultura. Tom Wolfe, escritor e crítico social, descreveu os anos 1970 como a "Década do Eu". Foi uma época de grupos de encontro, autodescobertas e ênfase na experiência pessoal. Gratificar-se era de suma importância. Nós éramos estimulados: "Se você se sente bem assim, então faça". E se alguém fosse ofendido ou machucado por alguma atitude, o problema seria apenas da pessoa. A taxa de divórcios subiu vertiginosamente quando as pessoas perceberam que não se sentiam realizadas no casamento e separavam-se para a "descoberta de si mesmas".

Livros com os títulos *Looking out for number one* [Você em primeiro lugar] e *Pulling our own strings* [Controlando a sua vida] tornaram-se *best-sellers* durante meses seguidos. Livros e artigos de revistas falando sobre autodesenvolvimento tornaram-se a forma mais popular de leitura — e continuam sendo. Embora as áreas de interesse tenham mudado um pouco — de realização pessoal a aquisição de riqueza pessoal, passando por temas que dão dicas de como melhorar relacionamentos e até espiritualidade (mais recente) —, a ênfase continua sendo em "eu, centro do universo". A "Década do Eu" está dando lugar ao "Século do Eu".

O tema narcisista evidencia-se, também, nos inúmeros relatos de pessoas comuns, com uma vida normal, sobre acontecimentos do dia a dia. Por exemplo, você já notou quantas pessoas (principalmente celebridades) escrevem sobre suas experiências de maternidade, sucesso, aposentadoria, aniversário de cinquenta anos etc., como se tivessem descoberto esses acontecimentos? Como se ninguém, antes delas, tivesse tido tais experiências? Escrevem, também, sobre suas provações na infância, seu divórcio, sua última batalha contra o vício ou sua doença, supondo que as lutas pessoais são de grande interesse do público. Essas pessoas vão a programas de TV para atrair a atenção sobre si mesmas, muitas vezes sob o pretexto de que estão ajudando os outros. Desculpe, mas a maioria das bisavós teve filhos, criou-os, completou cinquenta anos e outros tantos mais, passou pela menopausa e talvez até por uma epidemia ou duas sem precisar da orientação de uma estrela de TV ou de uma personalidade do esporte.

Em seu livro, *The culture of narcisism* [A cultura do narcisismo] (1979), o falecido crítico social Christopher Lasch afirmou que a América estava na "era das expectativas reduzidas". Ele estava espantado com a atenção que a sociedade colocava nas celebridades, no carisma e nos bens de consumo. Nesse livro, ele aponta que ser admirado e invejado vale mais do que ser capaz. Sua paráfrase de uma velha máxima ainda permanece verdadeira nos dias de hoje: "Nada faz mais sucesso do que aparentar sucesso"[10]. Ou seja, mais importante do que realizar é ser notado e admirado.

Todos nós gostamos de acreditar que somos únicos e especiais. Bem, é verdade que duas pessoas não são exatamente iguais — nem mesmo os gêmeos idênticos. Cada um é único. Mas isso nos possibilita receber um tratamento especial? Anos atrás, a história em quadrinhos *Pogo* satirizou o fenômeno da "singularidade". Um de seus personagens, *Pup Dog*, era considerado extremamente valioso por ser o único de sua espécie. Ironicamente, isso é o que define um vira-lata. Num certo sentido, somos todos vira-latas, cada um à sua maneira, mas sem merecer, necessariamente, um reconhecimento especial por isso.

Há pelo menos uma pessoa que discorda dessa visão. Na Grã-Bretanha, recentemente, uma mulher tentou tirar uma patente de si mesma, insistindo que essa requisição se justificava porque ela se enquadrava no padrão legal de "novo" e "útil". Aqui vai o que ela tinha a dizer sobre o fato: "Foram gastos trinta anos de trabalho árduo para que eu me descobrisse e me inventasse, e agora desejo proteger minha invenção contra a exploração não autorizada"[11].

TECNOLOGIA: A GENTE FAZ DO SEU JEITO

A invenção do gravador e do videocassete transformou o modo como assistimos à TV. Não estamos mais à mercê dos horários das emissoras. Podemos gravar qualquer coisa e assistir quando *nós* desejarmos. Além do mais, podemos usar o controle remoto para adiantar a fita quando não quisermos assistir a comerciais ou a alguma parte de um programa. Com o advento da internet, podemos pesquisar, comprar e nos comunicar de acordo com a nossa conveniência. Acostumamo-nos a controlar quando e como queremos receber as informações. Esperamos também que a tecnologia atenda às nossas necessidades em outras frentes.

A exploração espacial, o armamento militar e os avanços nos procedimentos médicos não nos surpreendem mais. Na verdade, chegamos a um ponto que esperamos que a tecnologia esteja disponível para resolver todos os nossos problemas. Os meios de comunicação perpetuaram essa expectativa. Onde mais, a não ser nos filmes, poderia uma pessoa, com um computador portátil, salvar o mundo com algumas rápidas tecladas?

À medida que a tecnologia se torna mais avançada, cada vez mais acreditamos ter mais controle sobre nossas vidas do que realmente temos. As falhas não são toleradas; tudo deve funcionar quando precisamos. Nossa sensação de segurança e nossa arrogância sobre ter o controle das coisas foram abaladas pelo suposto *bug* do milênio, que ameaçou um colapso nos computadores do mundo todo. Quando o ano de 1999 estava para terminar, houve um pânico crescente sobre potenciais acidentes nas viagens aéreas, nos serviços públicos essenciais e nas informações financeiras. Cada empresa e órgão do governo se preparou para possíveis catástrofes. Felizmente, o ano 2000 chegou sem incidentes, e as pessoas pelo mundo todo soltaram um suspiro de alívio. Infelizmente, um ano depois, essa ameaça tornou-se uma lembrança vaga e nós estamos de volta, esperando que a tecnologia atenda às nossas necessidades no nosso próprio tempo. Um *slogan* popular do Burger King — "A gente faz do seu jeito" — estendeu-se à nossa vida cotidiana.

ALGO MUITO EVIDENTE

As pessoas estão mais confrontadoras hoje em dia. Gritam mais e ouvem menos. A grosseria se tornou desmedida. Policiais, professores e outras figuras de autoridade não são mais respeitadas como eram há cinquenta anos. O desafio à autoridade não é algo novo, mas até este século ele era limitado aos fora da lei e visionários. Hoje, parece que todos querem desafiar o sistema. É visto como algo corajoso e, às vezes, heroico. Observe algumas das músicas que acompanham os modernos comerciais de TV: *Born to be wild* [Nascido para ser selvagem] (*Lucent Technology*), *Bad to the bone* [Mau até os ossos] (*General Motors*) e *Start me up* [Me atiça] (*Microsoft*). Elas enaltecem o individualismo, o desrespeito às tradições e a liberdade de ação.

Vemos também o enaltecimento da rebeldia juvenil em programas populares de TV. Alguns anos atrás, a atitude desafiadora de *Beavis and Butt-head* era a favorita dos adolescentes. Mais recentemente, *South Park* ganhou popularidade. Comédias situacionais familiares também mudaram. Nos anos 1950, *Papai Sabe Tudo*, *The Donna Reed Show* e *Leave it to Beaves* retratavam famílias íntegras, com figuras de autoridade bem-definidas. Ao final de cada programa, havia uma lição a ser aprendida. Décadas depois, os pais que aparecem nos programas de TV não são mais retratados como cultos e competentes. Em vez disso, servem apenas como "complemento" para seus adolescentes sabichões. Os atuais roteiristas (muitos deles não muito distantes de sua própria adolescência) caracterizam os pais como ignorantes ou incompetentes, ao passo que os filhos são inteligentes, travessos e adoráveis.

A rebelião do tipo juvenil também não está restrita aos adolescentes. Homens de meia-idade que se vestem como os filhos, com camisetas folgadas e bonés para trás, não estão apenas querendo andar na moda. Estão comunicando que não só, lá no íntimo, ainda se sentem crianças, como também compartilham dos valores antiautoritaristas e são "bacanas" por isso.

CRIAÇÃO INFANTIL NUMA SOCIEDADE MIMADA

Os pais de hoje tendem a se preocuparem mais em ser amados pelos filhos do que basicamente com o que é melhor para eles. Querem mais ser amigos do que disciplinadores.

Lembre-se que anteriormente, neste capítulo, saliente que as pessoas narcisistas sentem-se facilmente feridas com a rejeição, a crítica e até mesmo a indiferença. É por isso que os pais de hoje têm dificuldades em colocar limites e impor regras. Eles não suportam a ideia de que seus filhos possam ficar chateados com eles. São pais que dizem aos filhos: "Você está de castigo por uma semana!" Mas voltam atrás, às vezes em questão de uma hora ou duas. Os filhos aprendem a não levar essas ameaças a sério. Em meu trabalho com crianças, muitas me confidenciaram que acreditam que a maioria das punições não será levada a cabo, portanto, vale a pena arriscar e fazer algo que não devem.

Os pais de hoje costumam ver seus filhos como extensão de si mesmos. De que outra forma poderíamos explicar os chiliques e acessos de raiva dos pais nas quadras esportivas em que seus filhos estão jogando? Não é raro ver pais e mães xingarem os organizadores, técnicos e outros jogadores quando acreditam que seus filhos foram tratados injustamente. Às vezes, as consequências podem ser fatais. Em julho de 2000, um pai surrou outro até a morte, em Massachusetts, num ringue de hóquei no gelo onde seus filhos treinavam. Evidentemente, ele não gostou do jeito como seu filho foi tratado pelo outro homem.

Quando os pais veem seus filhos como extensão de si mesmos, é muito importante para eles que os filhos tenham alto desempenho, não tenham os sentimentos feridos e não sejam desrespeitados por seus iguais. Num esforço para proteger seus filhos do sofrimento, os pais colocam-se ao seu lado contra a autoridade. Há cinquenta anos, se uma criança se metesse em confusão na escola, seria punida primeiro na escola e depois, novamente, ao chegar em casa. Hoje em dia, é mais provável que os pais busquem "justiça", contratando um advogado e processando a escola. Veja o caso recente de uma oradora de turma do colegial de uma escola em Oregon, que perdeu sua virgindade após ter decidido tomar banho no vestiário masculino. Ela processou a escola, mas perdeu. Sua mãe estava decepcionada com a decisão e disse, com indiferença, que sua filha de dezoito anos era "espontânea e divertida, e algumas pessoas não gostavam disso".

Essa garota e outras, cujos pais defendem seus atos tolos, aprendem não só que suas coisas são mais importantes do que as de sua comunidade, mas também que é perfeitamente aceitável mostrar desprezo à autoridade, mesmo que isso seja obviamente errado. Esse modo de ver as coisas contribui para o desenvolvimento do mimado.

É evidente que essa geração que acredita ser o centro do universo hoje projeta suas próprias necessidades em seus filhos, já que os consideram como extensão deles. Por não serem firmes quanto à disciplina, seus filhos não os levam a sério. Geralmente comportam-se mal e não respeitam os outros, porque as consequências são imprevisíveis, e na maioria das vezes conseguem se safar.

Em seu livro *The sibling society* [A sociedade dos irmãos], Robert Bly descreve a atual geração adulta como adolescentes "meio-adultos", formada por pessoas que se comportam como filhos ciumentos, exigindo gratificação pessoal e rejeitando a responsabilidade mútua e a autoridade natural. Os heróis da sociedade não são adultos sábios e experientes, mas personalidades do mundo do esporte e estrelas do *rock*. Bly lamenta que a comercialização da vida a tenha banalizado a ponto de termos nos tornado alienados e de nossas vidas terem sido destituídas de significado.[12]

Embora eu não sustente uma visão tão pessimista da sociedade, é evidente que quanto mais formos centrados em nós mesmos, menos felizes seremos. A incidência de depressão mais do que duplicou nas últimas duas décadas. Conhecemos melhor como a mente funciona, mas não progredimos muito no controle de nossos pensamentos e comportamentos. O diabinho interior tem sido nutrido e estimulado por uma visão distorcida de nosso lugar no mundo. É hora de vermos as coisas com distanciamento e de colocarmos essa criança mimada sob controle. Nos dois próximos capítulos, você se confrontará com a criança mimada que existe em seu interior. Aprenderá a reconhecê-la e perceberá os seus truques. Ela é mais complexa do que imagina, mas não tão poderosa quanto parece.

7

Que força tem o seu diabinho interior?

Não conheço uma pessoa que *não tenha* um diabinho dentro de si. Todos nós temos momentos em que sucumbimos aos nossos desejos impulsivos e à raiva que foge de nosso controle. Ninguém é totalmente sensato, altruísta e controlado.

A seguir, você encontrará um pequeno questionário que o ajudará a determinar o seu Quociente de "Mimalhice". Procure responder às perguntas levando em conta a maneira como se comporta *habitualmente*, como se imagina se comportando ou como acha que se comportaria. No final deste questionário, encontrará as instruções para avaliá-lo.

1. Após ficar esperando ao telefone por mais de cinco minutos, você:

    a) desliga e decide tentar mais tarde.

    b) abre sua correspondência, lê uma revista ou procura algo que o mantenha ocupado.

    c) sente-se aborrecido e irritado, de tal forma que, quando a pessoa finalmente o atende, está bem menos cordial.

Tire proveito dos seus impulsos

2. Ao dirigir, é parado por um guarda que afirma que você estava correndo. Você:

    a) fica quieto e não diz nada.

    b) pergunta-lhe educadamente como ele chegou àquela conclusão.

    c) argumenta veemente que não estava correndo e, quando ele se afasta, grita: "Te vejo no tribunal!"

3. A semana toda você permaneceu fiel à sua dieta. Mas, agora, está diante de um bufê de sobremesas. Você:

    a) afasta-se dele sem olhar para trás.

    b) coloca uma pequena porção no prato e come um ou dois bocados.

    c) pega um pequeno pedaço de bolo e volta mais umas seis vezes para pegar outra fatia pequena.

4. Você fica sabendo que seu companheiro compartilhou com um amigo algo que você considerava confidencial. Você:

    a) encolhe os ombros e esquece o assunto.

    b) discute civilizadamente as suas preocupações com seu companheiro.

    c) perde a calma e ameaça nunca mais compartilhar seus pensamentos particulares com ele.

5. Você está comprometido em um relacionamento, mas sente-se atraído por alguém no trabalho. Então:

    a) tenta esquecer aquela atração e nem pensa sobre ela.

    b) reconhece seus sentimentos, mas decide que seguir em frente com eles poderá trazer complicações desnecessárias à sua vida.

    c) começa a flertar, sabendo que seu parceiro(a) provavelmente nunca descobrirá.

6. Sua mãe não lhe telefona no dia de seu aniversário. Você se sente magoado. Por isso:

    a) não diz nada a ela e age como se não estivesse magoado.

    b) diz-lhe que está decepcionado.

c) não diz nada, mas age de maneira fria e distante durante várias semanas ou meses.

7. Seu armário está uma bagunça. Suas roupas estão tão amarrotadas que tudo que decide vestir precisa ser passado a ferro. Então:

a) promete a si mesmo que, com certeza, neste final de semana, resolverá isso e se livrará das peças que não usa há dois anos.

b) seleciona meia dúzia de peças que não tem usado e põe fora para dar.

c) arranca freneticamente as roupas dos cabides e joga-as numa pilha, no meio do quarto, para obter mais espaço no armário.

8. Você encontrou em uma revista uma receita interessante, mas complicada. Decide gastar a maior parte do dia comprando os ingredientes e preparando o prato. Ao servi-lo à sua família, ele não faz o sucesso que esperava. Como você reage?

a) Fica imaginando o que fez de errado.

b) Pede sugestões a eles para melhorar a receita.

c) Jura nunca mais tentar novas receitas.

9. Em um de seus restaurantes favoritos, o serviço é geralmente lento. Você:

a) senta-se pacientemente, olhando para o relógio de vez em quando.

b) procura o gerente e pergunta calmamente qual é o problema.

c) levanta-se e anuncia em voz alta que está indo embora, certificando-se de que todos no restaurante sabem o motivo.

10. Na avaliação de seu desempenho anual, no trabalho, seu chefe faz algumas afirmações que você acredita serem imprecisas. Você:

a) não diz nada, esperando que mais ninguém leia sua avaliação.

b) deixa o chefe terminar, aí diz do que discorda e pede que isso seja anotado no formulário de avaliação.

c) ameaça processar o seu chefe e a empresa.

Tire proveito dos seus impulsos

11. Você decide aprender um novo esporte, por exemplo, golfe ou tênis. Mas descobre que é muito mais difícil do que parece. Por isso:

    a) compra uma vestimenta e equipamento caros, para que seja mais profissional.

    b) inscreve-se para uma série de aulas.

    c) desiste e afirma que esporte é uma perda de tempo.

12. Você está andando de carro com seu filho adolescente que acabou de tirar a carteira de motorista. Ele arranca rápido demais e freia bruscamente. Você:

    a) não diz nada, acreditando que ele acabará pegando o jeito.

    b) sugere que pise gradualmente no pedal do acelerador e do freio.

    c) suspira e segura-se cada vez que ele freia, reclamando que matará ambos se continuar dirigindo daquele jeito.

13. Você está na biblioteca, tentando concentrar-se numa leitura difícil para um trabalho escolar. Duas pessoas numa mesa ao lado estão falando alto e rindo. Você já lhes pediu uma vez para abaixarem o volume. Agora você:

    a) encara-as fixamente, com esperança de que se sintam intimidadas e parem com aquilo.

    b) levanta-se e procura outra mesa para trabalhar.

    c) procura a bibliotecária e pede que as mande se retirarem da biblioteca.

14. Depois de romper seu último relacionamento, você descobre que seu ex está espalhando fofocas falsas a seu respeito. Você:

    a) ignora a fofoca, esperando que passe.

    b) chama o seu ex e exige que ele pare com a fofoca.

    c) faz uma retaliação e espalha falsos boatos sobre ele.

15. Você absteve-se de fumar cigarros, de comer porcarias e de beber álcool por três dias. De repente, sentiu um desejo intenso. O que você faz?

a) Desiste. É difícil demais resistir.

b) Imagina um jeito de se conter pelo resto do dia.

c) Convence-se de que vai só fazer uma pausa, por ora, e recomeçar novamente na semana que vem.

16. Você vem adiando uma tarefa importante no trabalho e o prazo final se aproxima. Então resolve:

a) telefonar e dizer que está doente, com esperanças de que seu chefe seja solidário e dê a você um prazo maior.

b) despender algum tempo hoje trabalhando na tarefa.

c) culpar os colegas por não lhe darem as informações que precisa.

Confira as suas respostas. Se você teve muitas respostas A, você é uma pessoa passiva e deixa as coisas acontecerem com você. Você pode também ter uma abordagem rígida na vida, do tipo "tudo ou nada", e nutrir ressentimentos que poderão provocar pensamentos e comportamentos típicos do diabinho interior.

Se teve muitas respostas B, provavelmente exerce controle racional grande parte do tempo.

Se teve muitas respostas C, significa que se frustra com facilidade e extravasa suas contrariedades nos outros. Consequentemente, seu pestinha deve causar muitos problemas a você.

Se teve menos respostas B, do que A e C somadas, seu diabinho precisa ser trabalhado. Nos próximos capítulos, encontrará técnicas úteis que o ajudarão a obter controle sobre ele.

Esse teste não é um trabalho científico. Não há estatística sobre o que é "normal", no que se refere ao diabinho interior. As questões ilustram situações típicas em que as pessoas se encontram. Por exemplo, nas circunstâncias descritas nas questões 1 e 9, provavelmente nos sentiríamos aborrecidos. Poderíamos escolher não fazer nada, expressar raiva (cumprimentos ao nosso diabinho!) ou pensar em uma solução racional que traria resultados. Nas questões de números 3 e 11, estamos tratando de autodisciplina. Se desistirmos ou arrumarmos desculpas, nosso diabinho estará em ação. Por outro lado, se assumirmos o comando da situação, iremos nos sentir mais eficazes e competentes. As questões 12 e 14 envolvem o modo como lidamos com as pessoas quando estamos aborrecidos com elas. As opções são: tentar ignorar nossos sentimentos, expressar a raiva ou discutir as coisas racionalmente. A abordagem racional sempre nos faz sentir menos frustrados. Se você reconhecer dentro de si um padrão de desistência ou de reação exagerada, de falta de disciplina, de descontrole emocional, então o seu diabinho interior terá domínio sobre você.

No próximo capítulo, você se familiarizará com as inúmeras maneiras pelas quais o diabinho se manifesta. Talvez se surpreenda com a versatilidade dele.

As várias facetas do diabinho interior

O diabinho tem muitas facetas. Embora basicamente represente forças egocêntricas e impulsivas dentro de nós, ele pode manifestar-se de diferentes maneiras. Pense no seu diabinho interior como um ator talentoso, capaz de desempenhar vários papéis. Como ressaltamos anteriormente, na descrição sucinta da teoria de Eric Berne, sobre estados de ego (Criança, Pai e Adulto), você já desempenha muitos papéis no dia a dia.

Por exemplo, no trabalho, provavelmente você se comporta de uma maneira mais profissional do que quando brinca com seus filhos. Sua conduta na cadeira do dentista é diferente daquela que tem no estádio de futebol. Você adota papéis diferentes para se adaptar a várias situações. Esses papéis não são, necessariamente, artificiais ou falsos; baseiam-se em suas experiências anteriores, em circunstâncias especiais. Geralmente ocorrem sem você ter de pensar sobre isso, mesmo quando muda de um papel para outro.

Às vezes, as consequências são engraçadas. Recordo-me de uma vez em que estava na sala de espera de uma clínica veterinária com meu cachorro. O dono de um outro animal e eu começamos a conversar num tom que qualquer um consideraria como uma conversa casual. Quando meu cão, repentinamente, sentou-se em posição de alerta e virou a cabeça para a porta, essa outra pessoa — um homem grande em terno de trabalho — dirigiu-se ao meu cachorro numa voz cantarolada, geralmente observada em mães quando conversam com bebês: "O que foi?", ele falou suavemente. "O au-au ouviu um barulhinho?" Sem perceber, esse homem mudou de papel, de um papo adulto convencional, para uma fala fininha de bebê. Muito provavelmente aquela era a maneira como ele falava com seus animais de estimação.

Nem toda mudança de papéis é inconsciente. Você, com frequência, tem consciência da mudança em seu tom de voz ou em seus modos. Se você, alguma vez, já brincou com uma criança bagunceira, sabe do que estou falando. Suponha que esteja jogando bola lá fora, divertindo-se tanto que ambos pareçam um pouco tolos. Talvez você arremesse a bola um pouco mais forte ou derrube uma cadeira. Com esse tipo de estímulo, a criança provavelmente levará a brincadeira a extremos, talvez batendo em você com a bola um pouco forte demais ou quebrando algo acidentalmente. Para controlar a situação, você precisa mudar de papel — de companheiro brincalhão para adulto severo. Você faz isso conscientemente, com o objetivo de alcançar um resultado específico.

O diabinho também muda de papel para se ajustar a diferentes situações. Ele também usa estratégias conscientes e inconscientes, mas os objetivos dele são sempre restritos a gratificação ou alívio imediatos. Lembre-se: seu diabinho interior quer o que quer e fará tudo que for necessário para conseguir, sem levar em conta as consequências. Se uma estratégia não funcionar, tentará outra. Às vezes, ele usa uma estratégia de confronto; outras, a manipulação.

Na seção seguinte, apresento alguns papéis que seu diabinho pode assumir. Embora ele não exiba necessariamente todas as características seguintes, provavelmente tem preferência por um ou dois papéis. Dentre as descrições seguintes, veja se consegue identificar quais são as favoritas do seu diabinho interior.

O INSISTENTE

Pense em seu diabinho como uma voz resmungona dentro de você. A voz resmunga e incomoda, abafando outras vozes que tentam convencê-lo a ser racional. Por exemplo, pense nas últimas férias. Lembra-se de todas aquelas vezes quando disse a si mesmo que não comeria em excesso e acabou comendo? Era o seu diabinho em ação. Ao olhar para toda aquela comida e bebida, ele continuava resmungando: "Eu quero... Eu tenho de comer... Não me prive de comida..." Ele abafa todas as vozes de dentro de sua cabeça que o advertem para usar a razão. Sua voz racional diz "Você jantou bastante e sabe que não está com fome", mas o diabinho interior grita mais alto, talvez afirmando que a *mousse* de chocolate parece deliciosa: "Eu simplesmente tenho de comer um pouco!"

Se seu diabinho é do tipo insistente, você se sentirá em constante conflito com seus desejos e vontades. Uma parte sua deseja muito algo, enquanto a outra lhe diz que não é conveniente ou necessário. O diabinho insistente aparece com frequência quando está tentando mudar velhos hábitos, principalmente quando tenta *abster-se* de algo, como comida, cigarro ou álcool.

O insistente também entra em ação quando você sente forte atração sexual por alguém. Os pensamentos recorrentes e as obsessões têm a ver com o aspecto resmungão de seu diabinho interior. Não me refiro aqui àquela sensação divina que chamamos de obsessão quando estamos apaixonados e nos sentimos alegres. Neste caso, estou falando daqueles pensamentos e sentimentos que acompanham a luxúria ilícita. As pessoas que se envolvem em casos extraconjugais frequentemente têm tais sentimentos. Embora saibam que o adultério é errado, continuam cedendo aos seus impulsos. Os seus pestinhas "insistem" em tentá-los com desejos proibidos.

O RACIONAL

Se você não prestar atenção ao resmungo de seu diabinho, ele poderá mudar de tática, apresentando uma voz racional. Mas cuidado! Essa não é a voz da razão; trata-se de racionalização e manipulação. Esse tipo tentará dizer-lhe que pode comer o que quiser e simplesmente fazer exercícios no dia seguinte. Ou poderá persuadi-lo a comer só um pedacinho de bolo, depois outro pedacinho, e assim por diante, até você devorar o bolo todo. Ele também poderá convencê-lo a comprar despreocupadamente todas aquelas roupas novas, embora seu cartão de crédito esteja quase estourando, pois, afinal de contas, estão em promoção.

O seu diabinho quer um cigarro, mas em vez de vir diretamente lhe pedir, convence-o de que "só precisa de um último cigarro para se acalmar". Você almoça demoradamente com um(a) colega de trabalho atraente e faz confidências que não faria nem ao melhor amigo. Mas, de acordo com o seu racionalista, isso se justifica porque sua mulher (ou marido) demonstra pouco interesse por você.

Às vezes, é difícil detectar o racionalista porque ele usa a lógica. Entretanto, se você analisar a premissa inicial de onde sai essa lógica, notará um padrão. Descobrirá que quase sempre a premissa inicial é: "Tudo bem eu querer isso, porque..." ou alguma variação disso. Além do mais, essa lógica ignora informações contraditórias, tais como as consequências de ceder a desejos.

O diabinho racional não somente usa sua tática para justificar a satisfação de seus desejos ou vontades, mas também entra em jogo quando você se recusa a reconhecer que ofendeu ou magoou alguém.

Linda, uma mulher de trinta e poucos anos, tem o hábito de insultar e constranger as pessoas. Ela é capaz de dizer a uma colega de trabalho "Onde você fez esse corte de cabelo horrível?" ou "Como você pode ser tão ignorante?". A maior parte do tempo, as pessoas tentam ignorar Linda, mas, às vezes, alguém a questiona sobre sua grosseria. Linda simplesmente dá de ombros: "Você sabe que eu só estava brincando", ela protesta. "Você é sensível demais." O diabinho de Linda nunca admitirá que ultrapassou os limites de civilidade. Racionalizará, justificando o seu comportamento em termos da sensibilidade da outra pessoa em vez de atribuí-lo à sua grosseria.

O EXPLOSIVO

O diabinho interior tem pouca tolerância à frustração e exige que o mundo se sujeite ao seu ponto de vista. Quando as coisas não saem como o esperado, ele reage com vingança. A reação exagerada do explosivo drena sua energia e o torna contraproducente. Vejamos um exemplo: Alice está esperando o técnico ir à sua casa para consertar a máquina de lavar roupas. Ela havia deixado de ir ao trabalho pela manhã, porque na assistência técnica lhe disseram que o técnico estaria em sua casa antes do meio-dia. Às onze horas, como ele não havia aparecido, ela ligou à empresa contratada. Disseram-lhe que ele estava atrasado e que acabara de passar por lá para pegar uma peça. Ele estaria em sua casa após o almoço. "Depois do almoço!", exclamou Alice. "Não vou esperar até depois do almoço! Também tenho responsabilidades, sabe. Por que ele não me ligou?" "Desculpe, senhora", disse a voz do outro lado da linha. "Não sei por que ele não ligou. Mas ele pode ir à tarde ou podemos remarcar." Alice ficou enfurecida. Seu diabinho interior estava no comando. "Não importa!", ela exclamou. "Vou chamar outra pessoa!" Agora, ele ficou satisfeito, afinal, ganhou a batalha. Mas o que Alice ganhou com isso? Ela tinha de arrumar outro técnico, pois necessitava usar a máquina durante a semana. Aquele foi o preço inconveniente por ter se rendido ao seu diabinho.

As pessoas que possuem um diabinho do tipo explosivo são frequentemente chamadas de coléricas ou irascíveis. Não é preciso muito para enfurecê-las. O explosivo é combativo, sempre precisa provar seu ponto de vista, sempre precisa "ganhar". Ceder é considerado sinal de fraqueza.

O CONTIDO

O diabinho nem sempre se enfurece quando está bravo. Às vezes, ele queima vagarosamente por dentro, cultivando a energia de sua raiva e provocando os outros. Jenny não ganhou um presente de seu marido no Dia dos Namorados, tampouco um cartão. Estava decepcionada. Seu diabinho estava furioso. Mas dessa vez ele não se encolerizou; ficou remoendo o ódio. "Obviamente, você não me ama", disse ao marido, "porque, se me amasse, teria pelo menos me comprado um cartão". Jenny não parou por aí. Durante vários dias seguidos, ressaltou outros exemplos de negligência do marido, que ele deixava os sapatos no meio do assoalho; que estacionava o carro bem atrás do dela, na garagem, sabendo muito bem que ela tinha de ir para o trabalho antes dele; que não notava quando a roupa lavada precisava ser dobrada... Toda vez que Jenny notava algo que entendia como falta de consideração, chamava a atenção dele, usando um tom de voz tão sarcástico que ele até sentia a pele formigar. Finalmente, não conseguiu mais suportar e gritou com ela, dizendo que devia pegar suas reclamações e ir para a casa da mãe dela e ficar lá. Isso era tudo o que Jenny precisava. Agora ela tinha mais uma confirmação da rejeição do marido. A ironia é que ela não conseguia compreender porque ele estava sendo tão hostil com ela.

O diabinho do tipo contido apresenta-se como uma vítima. Ele sente pena de si mesmo. Faz beiço, fica amuado às vezes durante dias ou semanas a fio, revivendo os episódios desagradáveis repetidamente. Ele aumenta as coisas e fixa-se no negativo. Se o seu tende a "ferver por dentro", talvez você se sinta para baixo ou deprimido, ou até sinta que os outros o evitam ou não o respeitam. De que outra forma deveriam tratá-lo, quando tudo que veem em você é negatividade?

O RECLAMÃO

O diabinho do tipo reclamão vê defeito em tudo. Ele acredita que nunca deveria ser importunado, nem pelas mínimas coisas. Assim como o tipo contido, ele se sente vítima, porém verbaliza mais, da mesma forma que o explosivo não tolera frustração. Queixa-se de grandes coisas, como perder dinheiro no mercado de ações, ou perder uma entrevista de emprego porque você se esqueceu de anotar na agenda. Reclama também de coisas pequenas, como esperar na fila ou ficar parado no trânsito. O reclamão não distingue dificuldades grandes de pequenas. Qualquer tipo de problema é considerado uma catástrofe dolorosa.

Como todos, o diabinho reclamão não assume qualquer responsabilidade pelos atos. Sente-se constantemente injustiçado. Lamenta suas dificuldades, mas nunca procura por soluções. Está mais interessado em responsabilizar os outros ou as circunstâncias. O reclamão quer que as coisas sejam corrigidas imediatamente, mas não quer fazer esforço para que as correções aconteçam. Pessoas com o tipo muito reclamão são conhecidas como queixosas crônicas ou desprovidas de espírito esportivo.

O pestinha de Stuart é um reclamão. Ele alega que deveria ter ganhado o campeonato de tênis do clube no ano anterior, mas seus jogos foram todos marcados para dias de mau tempo. Além disso, seu principal adversário usou uma raquete de tamanho maior, o que lhe deu uma vantagem injusta. Stuart está disposto a contar a qualquer um que queira ouvir sobre toda a injustiça sofrida.

Miriam passou por várias entrevistas de emprego, mas ainda não lhe ofereceram nenhum cargo. Está convicta de que sua falta de êxito se deu pelo fato de os empregadores estarem contratando candidatos de minorias para preencher as quotas raciais. Ela sabe que pode realizar um trabalho melhor que qualquer outra pessoa, mas nenhum empregador quer lhe dar uma oportunidade.

Russ conta a cada pessoa com quem sai pela primeira vez quem foi sua ex-mulher e as constantes críticas dela que levaram ao rompimento de seu casamento. Ele gasta um bom tempo descrevendo como sofreu em sua companhia. Desnecessário dizer que, raramente, sai uma segunda vez.

Se você sente-se insatisfeito durante grande parte do tempo, reclama excessivamente, encontra defeitos nos outros ou dá desculpas, provavelmente você tem um diabinho reclamão muito forte. Isto é real e prejudicial, principalmente se não der os passos necessários para fazer mudanças positivas.

O EXIBICIONISTA

O diabinho exibicionista precisa ser notado. Ele domina as conversas, dramatiza situações sem importância e capitaliza a atenção sempre que possível. Esse tipo não percebe que ignora as outras pessoas porque está ocupado demais consigo próprio. Ele fala, mas não ouve.

Glen julga-se a alma da festa. Ele adora uma plateia para ouvir suas piadas tolas e, às vezes, grosseiras. Quando as pessoas riem educadamente para não embaraçá-lo, ele confunde tal reação como endosso ao seu comportamento e insiste em continuar. Se as pessoas tentam mudar de assunto, Glen fala mais alto, às vezes agarrando o braço das pessoas para manter sua atenção.

Nem todos os exibicionistas são tão óbvios quanto Glen. O diabinho de Verônica é exibicionista, porém mais sutil. Sempre que ouve más notícias, é a primeira a espalhá-las. Pode ser a notícia do divórcio de alguém, de uma doença ou o aviso de alguma tempestade de neve. Verônica acrescenta detalhes dramáticos muito além do necessário. É como se ela anunciasse: "Olhem para mim! Lembrem-se de que fui eu quem contou primeiro!"

O exibicionista reflete a necessidade narcisista de atenção e admiração. Pessoas com esse tipo de manifestação sentem, lá no fundo, que têm muito pouco a oferecer em termos de talento próprio ou de realizações, então precisam chocar as pessoas ou usar de outros artifícios para chamar atenção.

O MÁRTIR

Como o exibicionista, o diabinho do tipo mártir também quer ser notado, mas de uma maneira mais focada. O mártir faz sacrifícios e quer que todos notem. Ninguém sofre mais do que ele. Ele enfatiza tudo o que faz pelos outros e a pouca gratidão que recebe em troca. Se você tem um diabinho do tipo mártir, provavelmente se torna muito ressentido quando não recebe o reconhecimento que julga merecer pelos seus esforços.

Cathy tem um desses. Assumidamente "fanática por ordem", ela se esgota limpando e enfeitando a casa. Como sua mãe, ela quer que sua casa seja imaculada e perfeita como uma casa de revista. Infelizmente, seu marido e seus filhos não compartilham da mesma preocupação. Não se sentem incomodados ao ver um prato sujo sobre a mesa ou uma toalha molhada no chão do banheiro. Mas essas coisas deixam Cathy doida. Seu diabinho interior acredita que a família dela se recusa deliberadamente a guardar as coisas, só para aborrecê-la. "Será que vocês não veem que eu trabalhei muito para tornar esse lugar habitável?", ela grita ao ver as coisas fora do lugar. Cathy sente-se desconsiderada e faz questão de mostrar isso a todos.

Nem todos os diabinhos do tipo mártir falam o que sentem. Alguns indivíduos têm uma combinação dos tipos mártir e contido. Essa mistura pode ser enervante aos que estão a sua volta. O mártir/ contido faz sacrifícios calado. Não chama atenção diretamente sobre si, mas mesmo assim quer que os outros percebam as provações sofridas. E quando isso não acontece, ele fica em silêncio, mas num silêncio gélido. Por exemplo, se o de Cathy fosse do tipo mais quieto, em vez de gritar com os filhos quando deixam os casacos pendurados nas costas da cadeira, ela os guardaria e não falaria nada. No entanto, assumiria uma atitude distante durante o resto da noite. Se alguém lhe perguntasse: "O que há de errado?", ela responderia: "Nada. Absolutamente nada", deixando todos imaginando o que poderia tê-la aborrecido.

O VIOLENTO

Como o exibicionista, o diabinho violento gosta de ser o centro das atenções. Mas ele está mais preocupado em ter poder e certificar-se de que ninguém lhe diga o que fazer. Pessoas do tipo violento são agressivas e insensíveis. Um exemplo desse tipo é o marido que maltrata a companheira. Há também mulheres que maltratam o companheiro, mas, na grande maioria dos casos, são os homens os violentos. Além do mais, nem todos recorrem à agressão física. Na verdade, a maioria agride verbalmente por meio de intimidação e ameaças. Charles é descrito como uma pessoa que se encarrega das coisas. Sendo uma pessoa hábil para eliminar problemas no sistema de computação da empresa, sempre parece saber o que fazer diante de uma dificuldade. Trabalha sozinho e é totalmente focado em seu trabalho. Alguns colegas de trabalho o descrevem como perfeccionista, mas saber lidar com um *software* irritante é um trunfo. Em casa, seu perfeccionismo estende-se às expectativas em relação à mulher e aos filhos. "Eu trabalho pesado o dia todo", ele declara. "Então, quando chego em casa preciso relaxar. Não quero ouvir crianças brigando. Não gosto de ver bagunça e desordem. A tarefa de minha esposa é garantir que a casa esteja em ordem, nada fora do lugar". Charles não gosta que nada interfira no trabalho de sua esposa, por isso checa suas chamadas telefônicas, não permite que ela saia com amigas e certifica-se de que o trabalho doméstico segue uma rotina. Se sua mulher protesta, ele ameaça, diz que pode declarar aos conhecidos que ela é uma mãe relapsa e que nunca mais verá os filhos. Charles não considera o seu comportamento violento. Ele alega ser um homem zeloso, que simplesmente quer o melhor para sua família. Admite ter batido em sua esposa, mas só uma vez, no começo do casamento. Considera que ela havia "pedido por aquilo" devido à sua atitude desafiadora.

O diabinho de Charles floresce quando tem poder. No trabalho, onde ninguém o desafia, seu diabinho não se mostra facilmente. Em casa, sua mulher também não o desafia muito, mas age sorrateiramente pelas suas costas. Liga para suas amigas quando ele não está ouvindo, ou diz que vai ao supermercado quando na verdade vai visitar a irmã. Quando Charles descobre, o pestinha aparece. O violento não pode ser sobrepujado. Ele se vinga por meio de intimidação e retaliação.

NORMAL OU PATOLÓGICO?

Tenha em mente que as personalidades mimadas retratadas aqui não são iguais às doenças emocionais ou ao comportamento criminoso. O diabinho pode, de fato, ser um componente de um distúrbio emocional ou criminoso, mas ele não explica totalmente os casos extremos da depressão suicida, do crime violento, da distorção grave da realidade, alcoolismo crônico etc. Essas condições são produtos de uma mistura complexa de múltiplos fatores, que incluem não apenas traços da personalidade e aspectos situacionais, mas também socioculturais e, algumas vezes, biológicos.

Os tipos de diabinho apresentados aqui são simplesmente uma maneira conveniente de descrever como as pessoas lidam com situações difíceis ou desagradáveis. Não são um diagnóstico de nenhuma doença ou transtorno mental. Em respeito aos propósitos deste livro, refiro-me às características mimadas e malcriadas das pessoas normais que, na maior parte do tempo, agem adequadamente, mas que, de tempos em tempos, dizem ou fazem coisas das quais se arrependem depois.

NOSSO DIABINHO NÃO É CLARO PARA NÓS

Em geral, é mais fácil reconhecer o diabinho nos outros do que em si próprio. Sempre que dou palestras sobre o assunto, quando descrevo as várias personalidades dos diabinhos interiores, noto pessoas na plateia cutucando carinhosamente seus cônjuges ou companheiros ao reconhecer uma descrição que lhes é familiar. Esses cutucões são acompanhados de olhares e sussurros que comunicam: "Está vendo, eu não disse? Esse aí é você".

As deficiências alheias são sempre mais óbvias do que as nossas próprias. Como salientei no capítulo 3, você está sempre pronto a atribuir, como traços permanentes de caráter, o comportamento negativo dos outros, ao passo que os seus são atenuados como sendo um desvio temporário. Essa tendência é empregada também para os que lhe são próximos. Se você tem filhos, provavelmente não os considera malcriados. Quando eles se comportam mal, você atribui isso ao cansaço, à impetuosidade ou a outro estado físico ou emocional temporário.

Quando seu filho exagera, você diz que ele simplesmente se descontrolou um pouco. Mas se o filho do vizinho agir da mesma maneira, você provavelmente o classificará como malcriado, principalmente se já o viu comportar-se dessa forma anteriormente.

O que implica o fato de você não conseguir identificar prontamente o seu próprio pestinha interior? Implica que, se você não aprender como fazer isso, continuará a responsabilizar os outros e as situações pelo que der errado em sua vida. Além do mais, como não sente que tem o controle de sua própria vida, vai se sentir cronicamente infeliz.

COMO O DIABINHO INTERIOR SE TRANSFORMA: UM EXEMPLO

Como mencionei anteriormente, seu diabinho, como o da maioria das pessoas, provavelmente muda de comportamento de uma situação para outra. Você pode estar ou não ciente de que essas mudanças estão ocorrendo. Mas qualquer que seja a forma que seu diabinho assuma, você sabe que ele estará sempre ali por causa de uma sensação constante de insatisfação que não passa. Você pode tentar fazer algo para diminuir tal insatisfação, mas se ela não desaparecer é porque ele está mudando de tática.

Leonard, de 47 anos, é gerente de uma concessionária de veículos, responsável por oito associados na área de vendas. Quando as vendas vão bem, Leonard é recompensado com bônus; mas quando as vendas estão baixas, ele é chamado para explicar os motivos. A última vez que Leonard teve de se encontrar com o dono do negócio, preparou as razões: "Você sabe que temos tido muito mau tempo, senhor Doyle. As pessoas não estão vindo ao nosso *showroom*. Nem os descontos e a queda dos preços estão atraindo os clientes". Senhor Doyle, o proprietário, opôs-se: "Não é o que observei. Tivemos cinco *test-drivers* a menos neste trimestre do que durante os três meses anteriores". Leonard replicou: "Não posso controlar tudo aqui. Jerry, Hank e os outros vendedores não estão vendendo os carros de modo eficaz. O que espera que eu faça, que me intrometa na conversa deles com os clientes e os constranja? Como pode me responsabilizar se eu nem me encontro com os clientes?" E saiu enfurecido do escritório do senhor Doyle. Mais tarde, naquela noite, em casa, Leonard reclamou do jantar, que estava cozido demais, e da sua esposa, que havia esquecido novamente de pegar sua roupa na lavanderia. Depois, isolou-se no porão com o velho aparelho de TV e uma garrafa de gim e fumou um cigarro após o outro até uma hora da manhã. Àquela altura, estava entorpecido. Nada havia sido resolvido. De fato, no dia seguinte, analisando seu comportamento, Leonard não conseguia acreditar no quanto tinha sido desagradável.

Vamos rever como o diabinho interior de Leonard causou-lhe problemas naquele dia. Primeiro, quando o senhor Doyle chamou-o ao escritório, Leonard tentou justificar o movimento baixo nas vendas dos três meses anteriores. Estava em ação o racionalista, arrumando desculpas. Quando isso não funcionou, o seu diabinho transformou-se no reclamão, queixando-se de que era vítima das circunstâncias, sobre as quais tinha pouco ou nenhum controle. Quando a tensão cresceu dentro dele, o explosivo tomou posse. Mais tarde, naquela noite, sua briguinha com a mulher refletiu um tipo contido. E, por último, o abuso de cigarro e álcool foi causado pelo diabinho insistente, a face exigente que quer agora e já.

A maioria das pessoas não mostra uma gama de pestinhas num período curto de poucas horas. Leonard não é uma pessoa real, mas, sim, uma composição de muitas pessoas que conheci, pessoas cujos diabinhos as tornaram infelizes consigo próprias e com os outros. Leonard ilustra como o diabinho interior de uma pessoa pode se transformar. Cada transformação pode ser vista como uma tentativa dele de evitar o desconforto ou buscar satisfação. Mas, como você pode ver, ele nem sempre obtém êxito. Ele fica aborrecido, decepcionado, com raiva ou ressentido, até que você e sua mente consciente e racional assumam o controle.

A SUA PERSONALIDADE E O DIABINHO

Agora você já está familiarizado com as inúmeras facetas do diabinho interior e deve ter identificado o seu. Os diabinhos das pessoas diferem porque os traços básicos de suas personalidades são distintos. Vimos anteriormente neste livro como Craig, o extrovertido, reagiu ao ficar confinado em casa durante uma nevasca. Ele ficou indócil e ansioso por ver gente. Por outro lado, eu conjeturei que Trudy, a introvertida tímida, não se sentiria tão desconfortável em tal situação.

Para ilustrar como os traços básicos da personalidade determinam, parcialmente, a maneira pela qual o diabinho de uma pessoa se expressa, examinaremos os extrovertidos e os introvertidos. Extrovertidos, como Craig, adoram estar com pessoas. Suas energias mentais são dirigidas para o exterior, para pessoas e acontecimentos. Sua atenção está sintonizada com o que se passa no mundo, ao seu redor. São geralmente comunicativos e expressivos. Os introvertidos, como Trudy, por sua vez, são mais sintonizados com o seu interior, seus pensamentos e sentimentos. São pensativos, reflexivos e geralmente só falam quando há algo importante a dizer. (Tenha em mente que nem todos os extrovertidos têm grande habilidade social e que nem todos os introvertidos são tímidos. A distinção entre extrovertidos e introvertidos refere-se à pessoa dar mais atenção aos fenômenos [mentais] externos ou internos.)

Com essa diferença em mente, observe como o diabinho de um extrovertido pode funcionar. Uma vez que os extrovertidos são orientados para o exterior, seus diabinhos também tendem a se dirigir para o exterior. Os tipos expressivos, espalhafatosos, como o explosivo, o exibicionista ou o violento, são mais vistos em pessoas extrovertidas do que em introvertidos mais comedidos. É evidente que nem todos os extrovertidos têm acesso de raiva, nem todos monopolizam as conversas e são agressivos. Mas quando estão no controle, geralmente assumem uma forma vivaz e descomedida, especialmente quando é uma situação de conflito interpessoal. Alternativamente, o pestinha de uma pessoa introvertida expressa-se, de maneira geral, mais internamente, guardando para si, refletindo, resmungando, manifestando autopiedade. O mártir e o contido são diabinhos comuns entre os introvertidos.

Novamente, essa não é uma regra rígida (nada é quando se trata do complexo funcionamento da mente). Algumas pessoas com o tipo mártir acentuado são bastante sociáveis e outras, com características do tipo violento, são solitárias. Mas, em geral, o que aparece primeiro é aquele que combina com o estilo de personalidade da pessoa. Se ele não atinge os resultados esperados, pode se transformar. Assim, embora o diabinho interior de um introvertido possa aparecer primeiro como um contido internalizado, ele pode muito facilmente se transformar num explosivo externalizado.

A introversão e a extroversão são apenas uma dimensão, embora importante, pela qual a personalidade é descrita ou medida. Outros traços incluem independência, agressividade e perfeccionismo. Foge ao escopo deste livro delinear todos os traços de personalidade. Nem mesmo os especialistas concordam a respeito do que constitui a personalidade e quanto à descrição e avaliação dos traços de personalidade. Tenha apenas em mente que seu pestinha é influenciado pela totalidade de características que constituem sua personalidade única.

Lembre-se: seu diabinho interior não é algo separado de você. Venho me referindo a ele como se fosse uma entidade própria, mas o fiz apenas por conveniência. Ele representa os pensamentos, sentimentos e comportamentos primitivos, tanto conscientes quanto inconscientes, dos seus tempos de bebê e tenra infância. Ele é parte de você, está integrado à sua personalidade.

O estilo de personalidade influencia o diabinho mais frequentemente quando há conflitos interpessoais — por exemplo, quando você está furioso com outra pessoa, quando fica com ciúme ou inveja ou quando se sente ignorado ou rejeitado por alguém. Esses sentimentos são comunicados de alguma forma por meio de seu comportamento. Mesmo quando não fala sobre eles, são expostos. Você talvez se lembre, no capítulo 2, da descrição do caso de Sara, a gerente de uma loja, que estava furiosa com a supervisora mas não lhe falou diretamente. Em vez disso, Sara comunicou o que sentia por meio de um silêncio frio e indiferente. A supervisora interpretou seu comportamento como uma atitude deselegante. Talvez você se lembre também que a situação permaneceu sem solução. O comportamento de Sara certamente exprimiu sua infelicidade, e ela continuou assim ainda por algum tempo, porque só expôs seu descontentamento, e não que demonstrou interesse em resolver o problema.

Neste capítulo, você viu como as facetas do diabinho interior são diferentes. No próximo, aprenderá de que forma se assemelham.

9

Características e problemas comuns aos diversos tipos de impulsos autodestrutivos

No capítulo anterior, você conheceu as diferentes formas como o diabinho interior se apresenta. A maioria se converte em mais de um tipo. Isso ocorre porque, quando uma estratégia não funciona, ele tenta uma outra e assim sucessivamente, até que seu objetivo seja alcançado. Essa criaturinha manipula você de todas as maneiras possíveis.

Neste capítulo, você verá, além das semelhanças entre os diversos tipos de diabinho, também suas diferenças. Conforme mencionado anteriormente, todos possuem objetivos semelhantes: maximizar o prazer e minimizar a dor. Eles fazem isso sem se preocupar com as consequências. Por isso é que você se arrepende com frequência de ter dito ou feito algo que foi motivado por ele.

Os diabinhos geralmente se acham merecedores de privilégios, como descrito anteriormente. O seu representa as demandas narcisistas que surgiram na sua infância. Quando criança, você provavelmente exibia comportamento malcriado com frequência. Caso seus pais tenham cumprido bem seus papéis, você deve ter aprendido uma maneira mais adequada para conseguir o que deseja. Mas um resquício daquela vontade de ter direitos especiais ainda permanece.

Outra característica comum entre os vários tipos é que eles expõem suas vontades, exigências e reclamações por meio de sensações corporais e da linguagem oral. Você provavelmente está acostumado com a tensão corporal que sente antes de ceder ao seu diabinho. Se você escutar com atenção, perceberá que ele também "fala" com você.

UM DIABINHO "EM TRANSFORMAÇÃO": RYAN

Em primeiro lugar, revisaremos o processo pelo qual um diabinho muda suas táticas e como "se transforma" de um tipo em outro. Essa alteração é resultado de experiência e aprendizado. Provavelmente adotou duas ou três táticas preferidas com base naquelas que funcionaram melhor em você no passado. Caso o seu diabinho insistente sempre obtenha aquilo que deseja, então elegerá essa estratégia como a sua preferida. Mas ele nem sempre é bem-sucedido, principalmente se você for tendencioso a sentir-se culpado por ceder aos seus impulsos. Nesse caso, ele poderá transformar-se em racionalista, apresentando-lhe supostas razões lógicas para seguir seus impulsos.

Geralmente vemos esses "diabinhos mutantes" no comportamento das crianças. Considere esta cena entre o Ryan, aos oito anos de idade, e sua mãe:

Numa manhã, antes de ir à escola, Ryan pediu com entusiasmo que sua mãe o deixasse levar seu coelho de estimação com ele. Sem ter certeza sobre as regras da escola com relação a levar animais de estimação, a mãe do Ryan respondeu: "Hoje não, amigão. Eu não sei se é permitido". Ryan tentou convencer sua mãe de que não haveria problema, mas ela não cedeu. "Vou me informar sobre isso mais tarde", prometeu. "Mas agora é melhor você se apressar, ou perderá o ônibus." Ryan não gostou da resposta dela."Por que não posso levar? O coelho é *meu*", ele respondeu. "Você me disse que ele era meu animal de estimação e que eu deveria cuidar dele. Bem, eu tenho cuidado dele: dou comida, limpo a gaiola e brinco com ele o tempo todo. Por isso, se desejo levá-lo para a escola comigo, eu deveria poder levá-lo." Nessa hora, sua mãe já estava ficando impaciente e irritada. "Eu disse não!", respondeu. Ryan ficou desesperado. O tempo estava se esgotando para ele. Ele precisava levar o coelho para a escola, pois havia prometido aos amigos e, se não cumprisse, eles o chamariam de mentiroso. Ryan correu para seu quarto e bateu a porta. Jogou-se na cama, soluçando alto o bastante para que sua mãe o ouvisse. Premeditadamente, ela entrou em seu quarto, na tentativa de entendimento, mas ele não aceitava nada. Ele precisava do coelho. Então, começou a respirar ofegantemente, coisa que sempre fazia para causar pânico na sua mãe. "Está bem", ela suspirou. "Seque os olhos e fique pronto para o ônibus. Eu vou ligar para a escola e levarei o coelho um pouco mais tarde". Ryan parou de chorar na hora. Ele havia conseguido o que queria. Ele não agradeceu à sua mãe. Apenas disse ainda soluçando "Tá bom", concordando com o compromisso. Ele pensou com satisfação: "Funcionou mais uma vez".

Agora, avance vinte anos no tempo. De um modo geral, Ryan encontra-se bem ajustado e possui um emprego estável que aponta um futuro promissor. Ele está casado e tem um filho. O orçamento é um pouco apertado, mas as contas são pagas. Um dos sonhos de Ryan é dirigir um carro esporte vermelho, mas está ciente de que isso não é possível no momento. No entanto, o seu diabinho o lembra disso todos os dias. Da mesma forma de quando ainda era menino e *precisava* levar aquele coelho para a escola, com a diferença de que agora ele *precisa* do carro. Claro que ele sabe que isso não é uma necessidade básica e urgente, mas, às vezes, sente como se não pudesse esperar até chegar aos quarenta. Ele quer já.

O diabinho interior de Ryan tenta a tática do resmungão, e isso o faz ceder facilmente. Então, da mesma maneira como agia com sua mãe quando pequeno, seu diabinho tenta racionalizar, convencendo-o de que um carro esporte é um investimento que não se desvaloriza tão facilmente quanto um carro comum. Ele o alerta de que esta aquisição seria uma boa oportunidade para mostrar ao seu filho como cuidar de algo de valor. Assim, o diabinho vai ganhando terreno, mas não venceu ainda. Depois de algumas semanas, Ryan ficou obcecado pela ideia de comprar um carro esportivo. Ele não consegue mais dormir; seu pestinha o atormenta. Ryan chega a acordar com a respiração ofegante. O que acontece com ele internamente é parecido com o episódio do soluço de vinte anos atrás. Do mesmo modo que sua mãe cedia, ele agora rende-se, indo contra o bom-senso. Ele pega uma pequena herança de seu tio e a utiliza para a entrada, fazendo um empréstimo de cinco anos para saldar o restante.

Ryan fica feliz por algum tempo. Mas todos os meses, quando as contas vencem, ele precisa fazer malabarismos com suas economias para conseguir pagar o carro. Ele nunca deixou de pagar nada, mas, frequentemente, se questiona se a compra valeu a pena ou não. A novidade do carro esporte esgotou-se e o seguro é caro. Com as horas extras que precisa cumprir no trabalho, nem sobra tempo para dirigir o carro.

Como vocês podem concluir, a tática que Ryan utilizava com sua mãe dava os resultados desejados. Portanto, ele a utiliza frequentemente. Algumas vezes era uma batalha, mas na maioria das vezes funcionava. Agora, Ryan trava essas mesmas batalhas dentro de si. Parte dele quer uma gratificação imediata e a outra o adverte de sua natureza prática. Seu diabinho nem sempre vence, como aconteceu no caso do carro esportivo, mas ele nunca deixa de tentar.

Assim como Ryan, você provavelmente adotou algumas de suas estratégias favoritas para conseguir o que queria quando criança. Aquelas que funcionaram com mais sucesso são as que você manteve. O seu diabinho interior não é exatamente igual ao de Ryan, mas possui objetivos similares: maximizar o prazer, ter uma gratificação imediata e minimizar o desconforto. Todo diabinho luta por isso; eles apenas utilizam táticas diferentes para chegar lá.

BATALHAS INTERNAS

No capítulo anterior, você aprendeu que o estilo que um diabinho interior assume, diante de um conflito interpessoal, geralmente é influenciado pelo seu tipo de personalidade. Quando se trata de uma batalha interna, as táticas são mais ou menos as mesmas para cada pessoa. Essas batalhas internas dizem respeito aos maus hábitos como: comer; beber; fumar muito; gastar dinheiro futilmente; envolver-se em relacionamentos ilícitos, em furtos em lojas ou em outros atos ilegais não agressivos. Para a maioria das pessoas, o cenário interior é geralmente uma variação do "Eu quero isto, mas eu não devo... Mas eu quero!" etc. A intensidade e o conteúdo específicos das palavras variam de um indivíduo para outro, mas o tipo em questão é quase sempre o mesmo. A maioria também apresenta uma combinação do tipo racionalista com o insistente (embora aquelas que agem por impulso, sem pensar, não têm tempo para racionalizar). A batalha interior geralmente é a causa (ou o resultado) de uma tensão corporal, seguida de uma "distensão" quando você cede.

Pense num hábito que você gostaria de modificar. Lembre-se que, da última vez que você se deparou com uma decisão sobre esse hábito, a força do impulso aumentou. Conforme ele se fortalecia, a tensão em seu corpo começava a se formar. Percebendo que estava cedendo ao desejo, o seu racionalista apresentou uma argumentação quase lógica que permitiu que você cedesse. Por exemplo, suponha que você estivesse tentando resistir à compra de um saco de pipocas com manteiga derretida no cinema, mas o cheiro era tão tentador que o de tipo insistente ficava dizendo: "Eu preciso daquela pipoca, mesmo que o pacote menor tenha quinhentas calorias". Nesse momento, se você ainda não cedeu, seu racionalista assumirá o controle e o convencerá de que amanhã poderá se exercitar, ou pular o café da manhã para compensar. Depois disso, adquirir a pipoca parecerá algo normal. A tensão no seu corpo desaparecerá repentinamente e você se sentirá aliviado. Talvez depois sinta um pouco de culpa residual, mas, naquele instante, preferiu ignorá-la.

Esse padrão ocorre com frequência razoável. O exemplo da pipoca é mais um exemplo comum comparado a outros tipos de desejo. Se seu problema fosse apenas comer muita pipoca com manteiga, provavelmente não estaria lendo este livro. É muito provável que tenha dificuldade em resistir a desejos mais sérios, tais como álcool, cigarros ou comida em geral, ou talvez gaste mais dinheiro do que queira ou jogue muito.

Já deve estar claro que, tanto no caso da pipoca quanto no de estourar o limite do seu cartão de crédito, o mecanismo é parecido: o insistente tenta convencê-lo de que precisa daquilo que você quer; caso essa tática não dê certo, o racionalista arrumará algum tipo de desculpa aceitável. É fácil racionalizar uma desculpa, cedendo ao desejo por pipoca "só desta vez". Mas a pipoca não é o problema em questão. Caso seu objetivo seja controlar seu comportamento quanto ao consumo de pipoca, álcool ou drogas pesadas, ao ceder a um desses, terá quebrado uma promessa feita a si mesmo e permitido que seu diabinho interior assuma o controle.

Se pensar na última vez que cedeu ao seu diabinho, poderá lembrar que se sentiu um pouco aliviado, mas não experimentou muito prazer ou alegria. Numa percepção tardia, ceder ao impulso provavelmente não valeu a pena; mas naquele momento parecia muito urgente. E será novamente urgente da próxima vez, a menos que faça algumas mudanças simples. Essas mudanças incluem saber que o diabinho interior o está manipulando e modificar aquilo que ele diz.

Agora você está mais ciente dos impulsos que se assemelham a forças incontroláveis dentro de você. Você pode senti-las mental e fisicamente, na forma de tensão ou de qualquer outro leve desconforto. Esse desconforto é gerado por esse ser instintivo que mora dentro de você. Ciente disso, poderá aprender a prestar atenção aos detalhes mais específicos de seu modo de funcionamento.

SEU DIABINHO "FALA" COM VOCÊ

O diabinho interior utiliza táticas específicas para alcançar seus fins. Quer você esteja ciente disso ou não, ele "fala" com você. Ele é aquela parte sua que diz: "eu quero isto" ou "eu não suporto isto" ou "eu tenho o direito".

Há um grande número de pesquisas e conhecimentos sobre o que motiva os seres humanos a fazerem ou dizerem coisas. Alguns motivadores são puramente reflexos biológicos. Caso você encoste num forno quente, sua mão salta imediatamente, sem que necessite pensar sobre o fato. Há poucos reflexos puramente biológicos que nos motivam. Por exemplo, a fome e a sede refletem necessidades biológicas. Quando está faminto ou com muita sede, seu foco inicial é o de satisfazer essa necessidade imediatamente. Mas você beberá ou comerá qualquer coisa? Talvez um homem vagando no deserto beba a água de uma poça lamacenta, mas a maioria das pessoas, em locais civilizados, não beberá. Isso significa que mesmo um impulso biológico forte é mediado por seus pensamentos e decisões. Nem mesmo à dor reagimos sempre de forma automática. Se estiver na cadeira do dentista, passando por um procedimento delicado e doloroso, não se mexerá, mesmo que a dor pareça insuportável.

As pessoas possuem todos os tipos de desejo. Algumas vezes elas cedem, outras resistem. Suponha que você tenha um exame de sangue marcado para as oito da manhã que necessite que você jejue por doze horas. Na noite anterior, você quis um lanche, mas ignorou esse desejo porque sabia que se comesse qualquer coisa, o resultado seria inválido.

Por que às vezes sentimos um desejo forte, mas resistimos a ele, enquanto em outras vezes cedemos a pequenos desejos? A resposta está no que dizemos a nós mesmos sobre o desejo. Continuemos com o exemplo do desejo do lanche à noite. Se dissermos a nós mesmos que o sabor do lanche é maravilhoso ou que será impossível dormirmos de estômago vazio, daí o desejo aumentará. Em termos de diabinho, é o tipo insistente quem envia essas imagens fascinantes para os seus olhos. Mas se você não continuar discutindo com a sua mente, se decidir que comer está fora de questão, será mais fácil resistir ao lanche. Muitas pessoas descrevem atitudes não negociáveis pela forma "acabei de decidir".

O fato de cedermos ou não aos desejos depende muito de como conversamos conosco. A parte nossa que realmente quer ou acredita que necessita ser saciada é esse nosso diabinho interior. Nós falamos conosco mais do que imaginamos. Muitas vezes, falamos em voz alta, especialmente quando estamos tentando nos concentrar em algo. Por exemplo, quando estou aprendendo alguma coisa nova, como sapateado, o que me ajuda é comandar os passos: "Pé direito, pé esquerdo, vire etc."

Na maioria das vezes, quando falamos conosco, é em silêncio ou em pensamentos. Por exemplo, quando está fazendo compras, pode dizer para si: "Que *design* original" ou "Aquela cor é horrível". Quando caminha de um cômodo para outro, pode estar pensando no que fará em seguida. Quando participa de uma conversa, pode estar preparando seus comentários enquanto a outra pessoa está falando.

Geralmente as pessoas não param para refletir sobre o que estão pensando. Ou seja, elas estão vagamente cientes de uma conversa que acontece em sua mente, mas não prestam muita atenção a ela. Quando está carregando a roupa suja para a máquina de lavar roupas, não diz a si mesmo: "Estou carregando roupa para a máquina". Mas se alguém pergunta o que está fazendo, essa é a resposta que você deve dar.

Há vários "níveis" de consciência. Se cair xampu nos seus olhos, imediatamente saberá e terá ciência do que sente. No entanto, outras sensações estão abaixo do nível de consciência. É provável que você não perceba a pressão do relógio em seu pulso. Agora, se você prestar atenção nessa área do pulso, terá ciência da pequena pressão. Se quiser tornar a pressão mais óbvia, experimente apertar a pulseira ou movê-la em seu braço alguns centímetros para cima. Note o quão consciente está em relação às sensações em sua pele nesse momento.

O mesmo acontece com seus pensamentos. Você tem consciência de alguns deles, mas há muitos que você não percebe até que pare e preste atenção ao que está se passando em sua mente. Há também vários pensamentos que não são passíveis de acessar através de reflexão. Esses são os pensamentos inconscientes. Conforme salientei anteriormente, o inconsciente influencia os pensamentos e os sentimentos, e a maioria das pessoas nunca descobrirá que motivos são esses. Contudo, não é preciso ter um conhecimento completo de todos os seus processos mentais profundos. As pesquisas têm mostrado que é possível controlar a vida, concentrando-se nos pensamentos que estão no nível da consciência ou um pouquinho abaixo dela.

Seu diabinho interior opera nesses níveis. Se você prestar atenção a ele, perceberá que diz coisas que manipulam e destroem qualquer coisa. Pense na última vez que esteve de mau humor ou quando alguém disse alguma coisa que o aborreceu. Nos bastidores de sua mente, provavelmente estava travando uma diálogo interno negativo.

TERAPIA COGNITIVA

A análise desses diálogos internos negativos forma a base da psicoterapia "cognitiva". Descobrindo suas suposições e pensamentos negativos, poderá contestá-los ou dirigi-los de outras formas para modificá-los. Por exemplo, se estiver triste com o comentário de alguém, poderá dizer a você: "Ele não deveria falar assim comigo" ou "Eu preciso ser tratado adequadamente, e ele deve ser punido". Tais pensamentos não resolvem nada na realidade, apenas o deixam mais triste.

A premissa básica da terapia cognitiva é a seguinte: "não é a situação que o entristece, mas, sim, suas reações em face dela". Essa observação foi feita pelo filósofo grego Epiteto no século I d.C. Outros filósofos, líderes religiosos e autores literários também mencionaram o fato de nossas percepções darem colorido às nossas reações. Mas só a partir dos anos 1950 é que essa filosofia foi trazida para o campo da psicoterapia, pelo psicólogo doutor Albert Ellis. Enquanto outros terapeutas utilizavam a abordagem psicanalítica — em que as pessoas falam o que lhes vier à mente —, o doutor Ellis ajudava indivíduos problemáticos a identificarem o raciocínio errôneo em seus pensamentos. Enquanto psicanalistas interagiam muito pouco com seus pacientes, e esses conduziam a maior parte do diálogo, doutor Ellis utilizava um diálogo ativo entre terapeuta e paciente. Ele chamou esse método de "Terapia Racional-Emotiva" e mais tarde de "Terapia Racional-Emotiva Comportamental" (TREC).

Outros especialistas introduziram abordagens similares. Um dos mais expressivos é o doutor Aaron T. Beck, um psiquiatra que fundou a escola da Terapia Cognitiva Comportamental. Essa proposta é parecida com a TREC, porque também se reporta a pensamentos derrotistas. Embora haja algumas diferenças sutis em voga entre os dois métodos, existe uma sobreposição significativa. Para os propósitos deste livro, vou me referir a ambas como abordagem "cognitiva", uma vez que o foco está naquilo que a pessoa supõe e pensa a respeito.

A terapia cognitiva tem ajudado, com sucesso, milhões de pessoas a superarem seus maus hábitos, depressão, ansiedade e até outros transtornos emocionais mais sérios. Estudos experimentais provaram que nem sempre é necessário passar por uma terapia de longo prazo para superar os problemas. É essencial, entretanto, que você esteja motivado a fazer as mudanças necessárias em seus sentimentos e comportamento.

Como verá mais adiante, talvez você não consiga modificar seus sentimentos e suas reações de imediato, mas *pode mudar* a maneira como se comporta e como dizer a si próprio sobre uma situação. Com a prática, seus sentimentos uma hora corresponderão mais fielmente ao seu comportamento. Por exemplo, digamos que você foi incumbido de vender rifas para levantar fundos para a compra de um novo órgão para sua igreja. Suponhamos que ainda não tenha nenhuma opinião definida a respeito dessa necessidade. O atual não tem o som mais suave que você já escutou, mas tem servido adequadamente. À medida que você consegue juntar mais e mais pessoas para comprar as rifas, descobre que está

Características e problemas comuns aos diversos tipos de impulsos autodestrutivos

mais envolvido com a causa. Aquele velho órgão começa a soar agudo aos seus ouvidos. Você se vê entusiasmadamente tentando substituí-lo por um melhor.

Assim sendo, quanto mais você se comporta de uma determinada maneira, mais as suas convicções se aproximam de seu comportamento. Esse processo é chamado de "redução da dissonância cognitiva". A dissonância cognitiva é a lacuna entre as suas crenças atuais (o órgão é perfeitamente adequado) e o que você se vê fazendo (vendendo rifas para levantar fundos para um novo órgão). Esses pensamentos são inconsistentes ou dissonantes. Eles quase se contradizem. Portanto, você precisa mudar um deles. Você já se comprometeu em vender as rifas e não vai mudar isso. Logo, você modifica seu pensamento para melhor alinhá-lo com o seu comportamento. Parece mais lógico acreditar que o ato é por uma boa causa, tanto que está investindo seu tempo pedindo dinheiro.

As pessoas fazem esses ajustes o tempo todo. Anunciantes contam com isso. Quando você gasta uma grande quantia em um carro caro, por exemplo, é motivado a se convencer de que ele vale o seu preço. Algumas vezes o racionalista está envolvido nesses diálogos internos.

Resumindo, as pessoas conversam mentalmente consigo mesmas o tempo todo. Elas nem sempre estão cientes do que dizem a si mesmas. Alguns de seus pensamentos são destrutivos ou derrotistas. A abordagem da terapia cognitiva identifica esses pensamentos derrotistas e ajuda as pessoas a encontrarem novas formas de interpretar as situações e fazerem mudanças emocionais e comportamentais.

Encare seus pensamentos derrotistas como a voz de seu diabinho interior. É muito fácil imaginar um pestinha desses dentro de sua mente. Qualquer pessoa sabe o que é uma criança mimada, malcriada. Imagine, simplesmente, um comportamento resmungão, exigente e egocêntrico. Visualizar esse serzinho destaca aquilo que está sendo dito a você mesmo e o que precisa ser mudado.

SUPOSIÇÕES IRRACIONAIS E DISTORÇÕES COGNITIVAS

Muito da insatisfação consigo mesmo e com outras pessoas decorre das suposições que se faz quanto à maneira como as coisas deveriam ou não ser. Muitas dessas suposições refletem crenças básicas e "regras" que a pessoa impõe para si e para outras pessoas. Os doutores Beck, Ellis, entre outros, delinearam várias dessas distorções. Aqui estão algumas delas. Notem o tom "mimado" que elas possuem:

- Eu preciso do amor e aprovação de todos à minha volta. É horrível quando eu não tenho isso.

- Minha infelicidade é causada por forças que fogem ao meu controle, portanto há muito pouco que eu possa fazer para me sentir melhor.

- As coisas precisam ser da maneira que eu quero que elas sejam. Caso contrário, a vida se torna insuportável.

- As pessoas deveriam sempre se comportar da maneira como eu gostaria que se comportassem. Caso contrário, mereceriam ser punidas.

- Jamais algo desagradável, difícil ou aterrorizante deveria acontecer comigo.

- Eu nunca deveria sentir dor, raiva ou outras emoções negativas. Eu não suporto esses sentimentos e preciso eliminá-los imediatamente.

Além de exigir essas regras, sua mente — ou, especificando melhor, aquele que mora em sua mente — utiliza processos de pensamentos chamados distorções cognitivas. Essas distorções fazem as coisas tomarem proporções desmedidas, aumentando sua tensão interior, até você, finalmente, perder o controle de seus impulsos. Em seu livro de 1980, *Feeling good* [Sentir-se bem], David Burns, M.D., descreveu diversos tipos de distorções cognitivas[13]. Aqui estão alguns exemplos:

- **Pensamento do tudo ou nada.** Você vê a vida nos extremos. Por exemplo, as coisas são boas ou ruins, maravilhosas ou horríveis, perfeitas ou sem valor. Tais pensamentos o tornam intolerante e, consequentemente, propenso a uma frustração crônica.

- **Supergeneralização.** Porque algo já aconteceu com você, deduz-se, arbitrariamente, que acontecerá novamente. Por exemplo, se uma pessoa o ignorar por qualquer razão, considera isso um sinal de que a pessoa não se importa absolutamente com você. Tais deduções não são incorretas apenas na lógica, e também fazem com que você se sinta deprimido ou nervoso.

- **Filtro mental.** Você nota apenas os detalhes e as características negativas das situações. Essa é a principal atividade de um tipo rabugento e queixoso.

- **Desqualificação do lado positivo.** É uma variante mais extrema do filtro mental. Você não ignora as coisas positivas e, quando as percebe, as transforma em coisas negativas. Por exemplo, se você está com raiva de alguém e essa pessoa faz algo bom, você diz para si mesmo: "Ela está apenas tentando me agradar".

- **Ler pensamentos.** Você faz suposições sobre aquilo que alguém está pensando. Por exemplo, se alguém se esquece de retornar uma chamada telefônica sua, supõe que ele ou ela não goste de você. Quando o seu diabinho interior pensa dessa maneira, ele o mantém emocionalmente isolado das outras pessoas.

- **Adivinhar a sorte.** Você prevê que coisas ruins acontecerão no futuro. Digamos que, a caminho de uma festa, você preveja que não conseguirá se controlar nas bebidas. Essa antecipação dá ao seu diabinho o direito de ceder aos seus impulsos.

- **Raciocínio emocional.** Se você "sente" que algo é verdadeiro, então deve ser verdade. Por exemplo, se você tem medo de viajar de avião, significa que aviões não são seguros. Se você "sente" que seu chefe está querendo feri-lo, significa que ele está. No capítulo 6, vimos como Brenda, a estudante universitária egocêntrica, "sentiu" que o psicólogo não se importava com ela; essa convicção deu-lhe a certeza de sua indiferença. Quando raciocina dessa forma, ignora fatos visíveis que poderiam compensar os sentimentos negativos.

- **Aumento.** Você exagera os impactos negativos dos pequenos aborrecimentos. Albert Ellis chama esse processo de *"awfulizing"* [imaginar as coisas piores do que verdadeiramente são]. Pequenas frustrações são vistas como ruins e terríveis. O diabinho é um especialista nesse quesito. Coisas terríveis e horríveis requerem medidas drásticas, as quais são endossadas por ele.

A natureza exigente do diabinho interior quase sempre envolve algum tipo de distorção cognitiva, assim como também uma crença ou suposição que permite o emprego das expressões "tenho que", "deveria", "não posso", ou "não deveria" — por exemplo, nas frases "Não posso sentir desconforto de jeito nenhum" ou "Ele não deveria falar comigo dessa forma". Alguns corolários dessas suposições são: "É simplesmente horrível quando a vida não acontece como eu quero que aconteça" e "Eu não posso suportar isso".

As pessoas que estão convencidas de que "não aguentam" uma grande quantidade de coisas são, tipicamente, muito rígidas em sua maneira de pensar. Elas têm uma visão inflexível de como o mundo deveria ser. Crianças novas são inflexíveis assim. Quando meus filhos eram crianças, eu costumava fazer um lanche para eles de aipo com *cream cheese*. Para fazer esse lanche parecer tão apetitoso quanto as porcariadas que preferiam, eu salpicava um pouco de páprica no queijo. Um dia esqueci de usar a páprica. Meus filhos reclamaram que o aipo não estava mais como antes, "como deveria ser". Em sua pouca experiência, eles acreditavam que havia um jeito correto de preparar aipo com *cream cheese* e, sem nenhuma páprica, definitivamente, não era do jeito certo.

Como você aprendeu a fazer sanduíche de pasta de amendoim com geleia? Você espalha a pasta de amendoim em uma fatia de pão e geleia na outra e, depois, junta as duas partes, ou espalha a pasta de amendoim e a geleia na mesma fatia de pão e coloca a outra fatia por cima? Você corta o pão em duas fatias ou em quatro? Retângulos ou triângulos? Pense como era a *sua* versão do modo "correto" de fazer sanduíche de pasta de amendoim com geleia, ou qualquer outro tipo de sanduíche.

Todos nós fazemos suposições, baseados em parâmetros de nossa infância, de como as coisas deveriam ser. A maioria de nós, ao crescer, aprendeu a aceitar formas diferentes de preparar sanduíches e a ser flexível quanto aos resultados. Mas há muitas outras coisas tão simples quanto essas, para as quais não demonstramos nenhum sinal de mudança.

KAREN E SUA SOPA DE GALINHA

Karen tinha um grande talento para fazer sopa de galinha. Ela era a especialista e a autoridade da vizinhança nesse tipo de "penicilina judaica". Todos comentavam sobre sua sopa: "Que ingredientes especiais utilizava que deixavam a sopa tão saborosa?" As pessoas imploravam pela receita. Finalmente ela se rendeu e publicou-a no livro de receitas de sua sinagoga. Ela listou os ingredientes na ordem em que deveriam ser adicionados à panela. "Mas a coisa mais importante a se fazer", ela escreveu, "é cortar as asas da galinha e colocar na panela. De forma alguma a galinha deve ser cozida por inteiro, senão o sabor não será tão bom".

O marido da Karen não entendia por que o fato de cortar as asas faria tamanha diferença. "Deve afetar a maneira como o sabor se distribui", Karen garantiu a ele. "Tudo que sei é que minha mãe fazia assim e a mãe dela também. É uma receita que é segredo de família". Até as pessoas começaram a perguntar a Karen o porquê de cortar as asas da galinha, mas ela nunca tinha questionado tal fato. Ela apenas supôs que era a forma correta de se fazer a verdadeira sopa judaica de galinha. Com a curiosidade aguçada, ligou para a mãe e perguntou: "Mãe, sabe aquele jeito como me ensinou a fazer a sopa de galinha? Por que você corta as asas primeiro?". Sua mãe respondeu: "Eu não sei. Esse é o modo como sempre a preparei. É como sua avó faz, e sempre fica uma delícia. Se você realmente quer saber o porquê, deve perguntar a ela. Mas não espere ter uma resposta. Desde que ela foi para a casa de repouso, ela não tem tido vontade de conversar".

Alguns dias depois, Karen foi de carro até a casa de repouso onde sua avó estava morando. A avó estava cansada, mas lúcida, e ficou feliz em ver Karen. Depois de trocarem algumas palavras carinhosas, Karen disse: "Vovó, eu tenho um pergunta muito importante para lhe fazer. Eu preciso saber o segredo". "Que segredo?", perguntou a avó. "Você sabe, o segredo de sua sopa de galinha." "Não há segredo algum", respondeu a avó. "Você apenas joga a galinha na panela com água e vegetais e deixa cozinhar por algumas horas. Você não sabe fazer a sopa de galinha?" "Claro que eu sei", respondeu Karen, "mas qual é o negócio das asas? Quero dizer, por que você tem de cortá-las antes de cozinhar a galinha?" A avó pensou por um tempo. "Humm... humm... não consigo lembrar. Ah, espere um minuto! Agora eu me lembro. Minha panela era muito pequena para colocar a galinha inteira, então eu precisava cortar as asas."

Essa história ilustra um ponto importante: adquirimos hábitos e maneiras de fazer as coisas, mas nunca questionamos o seu processo. Esses hábitos são "o jeito certo", mesmo que não saibamos o motivo. Alguns hábitos são tradições que, na maioria das vezes, não causam nenhum problema maior. Não importa muito se você coloca seu sapato no pé esquerdo primeiro, ou no direito. Não há importância nenhuma se você passa primeiro o aspirador de pó antes de lavar os pratos da pia, ou vice-versa. A maneira como desenvolve sua rotina depende, em parte, de como aprendeu a executá-la inicialmente. As pessoas não costumam mudar os hábitos, a menos que sejam forçadas. Não é só mais fácil, mas também mais eficiente para seu cérebro não ter de tomar uma decisão cada vez que realizar uma tarefa rotineira — até certo ponto.

De tempos em tempos, não custa perguntar se o seu jeito costumeiro de fazer algo é o mais eficiente. Poucas vezes na vida lembrei-me de fazer isso. Um exemplo ocorreu muitos anos atrás, quando adquiri um segundo cachorro. Comecei a comprar ração seca para ele em sacos de 11 kg. Um dia, estava arrastando o saco pesado e cheio até o pote do cachorro quando meu marido perguntou o que eu estava fazendo. "Os potes estão vazios", respondi ofegante para que percebesse o quanto de esforço era preciso fazer e para que me oferecesse ajuda. "Preciso colocar mais comida neles." Ele riu. "Não seria mais fácil carregar os potes até o saco do que arrastar esse saco pesado até lá?" Até aquele momento, eu nunca tinha tido essa ideia. Estava tão presa ao hábito de levar sacos pequenos de comida até os potes e despejar, que mantive esse padrão mesmo quando ele deixou de ser prático.

Dizem que velhos hábitos nunca morrem. Isso é verdade não só em relação às tarefas domésticas, mas também à maneira como pensamos as coisas. Em minha experiência clínica, trabalhei com inúmeras pessoas que adotaram certas maneiras de pensar quando ainda eram jovens e continuavam a agir do mesmo jeito, conforme suas suposições, mesmo não havendo mais necessidade.

A Marla era assim. Quando criança, era punida quando desafiava seus pais, porque não aceitava fazer pequenas coisas corriqueiras. Ela questionava-se: "Por que tenho de ir para a cama quando ainda está claro lá fora?" Agora, já com seus trinta anos, ela ainda tem medo de contestar alguém que represente autoridade. Perguntei-lhe o que seu chefe diria se ela pedisse para fazer o intervalo de almoço mais cedo, no dia em que sua filha fosse cantar na apresentação da escola. Ela respondeu que nunca havia pensado nisso antes. Depois de pensar, ela concluiu que ele não poderia mandá-la dormir sem jantar, assim como não poderia demiti-la. Na pior das hipóteses, ele diria "não". Marla, agora, conseguia enxergar que havia carregado essa atitude cautelosa por muitos anos, além do necessário. Já era hora de rever algumas de suas suposições.

Muitas pessoas carregam consigo suposições e expectativas da mesma forma que Marla fez. Algumas delas foram lógicas e cabíveis numa determinada época. Por exemplo, se seus pais respondiam aos seus choros e desconfortos rapidamente, você aprendeu a acreditar que isso continuaria. E, por determinado tempo, isso realmente aconteceu. Mas, como mencionei anteriormente, todas as crianças e jovens precisam aprender a arte da paciência.

À medida que você cresce, descobre que seus desejos nem sempre são satisfeitos imediatamente. O processo de aprendizagem é frustrante. Nesse período, provavelmente, teve sua primeira experiência com o sentimento de "eu não suporto isso". Esse sentimento existe até os dias de hoje, mas em contextos novos. Portanto, mesmo que você tenha amadurecido muito, seu diabinho ainda fica preso a algumas dessas reações primitivas da infância.

A maior parte das suposições irracionais se origina na infância; algumas delas são inatas, mas a maioria é aprendida. Sua natureza impaciente e exigente também se origina de suas experiências de infância. Quando você reage com exagero a pequenas frustrações, essa reação é uma repetição proveniente das centenas de outras situações frustrantes que seu pestinha enfrentou anteriormente. As lamúrias, as queixas e a raiva que você experimenta hoje são alimentadas por antigas suposições, expectativas e crenças que você formulou no passado.

De acordo com o fundador da TREC, Albert Ellis, se você continuar a seguir essas crenças, fará de si próprio um infeliz. De fato, ele já relatou que muitas pessoas que dizem estar deprimidas, na verdade, estão se autodeprimindo com suas exigências irracionais e imaginando as coisas piores do que realmente são.

Vamos rever algumas das histórias do início deste livro e examinar o processo pelo qual o diabinho interior dessas pessoas formulou suposições irracionais e estabeleceu distorções cognitivas. Lembra-se de Dave, no capítulo 1? Ele estava tentando parar de fumar. Enquanto passava pelo período de privação, seu diabinho estava, provavelmente, tornando o seu desconforto maior, reclamando que não suportava se sentir daquela forma. Também devia estar utilizando um pensamento de tudo ou nada. Em outras palavras, se ele não se sentia ótimo, então precisava se sentir péssimo.

Recapitulemos o caso de Steve, o pai que perdeu a paciência por causa de uma simples salsicha no palito. Depois do acesso de raiva — que, sem dúvida, envolveu algumas conversas internas do tipo: "Como ela ousa! Eu não suporto isto!" — ele continuou aborrecido pelo resto da tarde. O diabinho dele estava funcionando por meio de um filtro mental que focava apenas os aspectos negativos da situação.

Leonard, o gerente de vendas de uma concessionária de veículos, também apresentou distorções cognitivas. Depois de perder a paciência com seu chefe, foi para casa, reclamou com sua mulher de coisas insignificantes, sentou-se com uma garrafa de bebida e bebeu até chegar à letargia. Suas reações exageradas em relação às pequenas frustrações em casa refletem a tendência de seu diabinho em aumentar acontecimentos sem importância. Mais tarde, a autopiedade era, provavelmente, resultado da generalização desmedida: "Por que isto aconteceu hoje?" "Sempre acontecerá assim?", "Por que ele agia como se a situação não tivesse esperança?" O diabinho de Leonard devia, também, ter iniciado alguma forma de leitura mental. Ele provavelmente o convenceu de que seu chefe estava insatisfeito com as vendas do último trimestre e, portanto, não gostava mais dele. Todas essas distorções faziam com que Leonard se sentisse mais e mais infeliz.

As distorções cognitivas e as suposições irracionais fornecem ao seu diabinho mais combustível do que ele merece. Uma vez que começa a pensar negativamente, de forma pessimista, você legitima as atitudes farisaicas da sua criaturinha. Ele utiliza os pensamentos negativos para convencer você de que não há outra opção a não ser se sentir infeliz. Exige também que você faça com que o sofrimento cesse imediatamente. E como fazer isso? Com uma ação impulsiva, como a de agredir alguém ou fazer alguma coisa da qual se arrependerá mais tarde.

ATITUDES DO DIABINHO INTERIOR

Além de distorcer suas percepções e cognições, a maioria dos diabinhos adota uma atitude de indignação, de autorretidão ou de se sentir merecedor de direitos especiais. Tal atitude é, em parte, o resultado das ideias que o diabinho repete em sua mente: "Ela não tem o direito de falar assim comigo" ou "Eu não deveria ter esperado tanto na fila" — elas justificam a intolerância e a impaciência dele.

Quando o seu diabinho interior exige algo que você sabe que é um contrassenso ao seu bem-estar emocional, ele incrementa a retórica, reclamando muito para marcar posição. Suponha, por exemplo, que você tenha a intenção de ir à academia após o trabalho. No entanto, com o passar do dia, seu entusiasmo pelo exercício diminui. No final do dia, nota que suas costas doem e que você está se sentindo fraco e cansado. No caminho de casa, você ainda está enrolando. "Talvez eu deva esperar até amanhã", você diz para si mesmo. "Não, eu tenho que ser mais firme com meus exercícios." Nesse ínterim, seu diabinho entra em ação. Ele o lembra que você trabalhou muito o dia todo e que merece descansar. Além disso, suas costas doem, você não quer arriscar a se machucar ainda mais. A essa altura, você está a apenas um quarteirão da academia. "Esquece", diz para si e passa reto. "Hoje à noite não, estou muito cansado. Além do mais, preciso escrever um cartão de agradecimento para minha tia Mabel. Ah, a vida não devia ser tão trabalhosa."

Temos também um outro exemplo: digamos que você esteja tentado a começar um romance proibido no escritório. Você sabe das complicações decorrentes desse ato, mas seu diabinho começa a ficar obcecado pela pessoa. O desejo torna-se tão grande que você se convence de que não pode evitar e envolve-se, independentemente das possíveis consequências destrutivas. Seu diabinho racionaliza a situação, convencendo-o de que outros tipos de relacionamento são comuns, mas o seu é especial e não deve privar-se da felicidade.

A lógica nem sempre é útil quando se tenta resistir a um impulso. Na maioria das vezes, o impulso vence. O diabinho pode ser muito atraente. Lembre-se de que, anteriormente, eu o descrevi como o Come-come. Se você assistia ao Vila Sésamo, saberá que o Come-come anda por aí resmungando por biscoitos. Provavelmente, você é capaz até de pensar em várias situações, num passado recente, em que agiu por pura emoção ou impulso. Talvez tenha sido um ajuste de contas, ou um "cair de boca" nos biscoitos, ou talvez a protelação para iniciar um projeto maior. Todos os motivos do mundo não parecem ser capazes de convencê-lo a fazer o que sabe que é melhor para si.

Muitas pessoas simplesmente se entregam aos próprios impulsos. Elas acham que não têm escolha. Elas podem culpar os genes ruins, um "desequilíbrio químico" no cérebro, ou outros fatores fora de seu controle. É verdade que a química e os genes desempenham um papel na determinação de algumas características e propensões. Mas isso não significa que não possamos fazer ajustes.

Quanto mais ceder ao seu diabinho, menos condições terá de concluir aquilo que decidiu fazer e mais frustrantes serão os seus relacionamentos com outras pessoas. Além disso, embora consiga o que quer a curto prazo, nunca terá a sensação de satisfação com a vida em geral. Os objetivos a longo prazo nunca serão concluídos quando o seu diabinho estiver no controle. Além disso, se cedêssemos aos nossos diabinhos interiores, a sociedade estaria num estado lastimável. Uma comunidade só consegue prosperar quando há cooperação. E a cooperação, muitas vezes, requer o controle de impulsos para benefício do grupo. Ao aprender técnicas de autocontrole, você não apenas se torna mais feliz e mais produtivo, mas também melhora sua autoestima, podendo conviver mais harmoniosamente com outras pessoas e estabelecer relacionamentos mais pacíficos.

10

Como identificar o seu diabinho interior: sinais indicativos de que ele está no controle

É mais fácil controlar o seu diabinho quando você reconhece suas manipulações logo de início. Depois que mergulha no território dele, fica mais difícil recuperar o controle. Neste capítulo, você encontrará orientações específicas para identificar pensamentos, sentimentos e comportamentos típicos do diabinho, para que, assim, possa fazer os ajustes necessários. Primeiramente, discutiremos o que o seu diabinho *não* é.

O QUE O DIABINHO NÃO É

O diabinho interior não é um diagnóstico psiquiátrico. Ele é apenas uma maneira conveniente de descrever os mecanismos que fazem com que as pessoas não consigam controlar seus desejos e impulsos. Todos nós possuímos um dentro de nós. Ele não é um distúrbio mental.

Esse pestinha não é uma substância ou química cerebral. Ele não pode ser visto nem por meio de raios X ou por outras técnicas de imagem, nem medido diretamente. O teste no capítulo 7 não é uma aferição precisa de qualquer substância física. Ele foi elaborado apenas como um guia para ajudá-lo a identificar alguns de seus padrões contraproducentes de pensar e agir.

O diabinho não pode ser confundido com distúrbios emocionais sérios, tais como depressão severa, pensamentos suicidas, transtorno bipolar, transtorno obsessivo compulsivo, esquizofrenia e outros problemas psiquiátricos. Ele pode sim contribuir para esses problemas, mas não é a causa principal. Se você tem problemas emocionais sérios — medos crônicos e incapacitantes, desconfiança generalizada, ou tristeza profunda e contínua —, precisa de mais ajuda do que este livro pode lhe proporcionar. Se não consegue levantar de manhã, se já perdeu total interesse pelas coisas, se tem problemas para dormir, se percebe-se muito confuso, você necessita e deve procurar ajuda profissional especializada.

O que se segue não é uma lista completa de sintomas que requerem ajuda profissional. Não existe a pretensão de que seja um substituto de uma avaliação ao vivo. Se tiver dúvida, aconselho fazer uma consulta com um profissional da área de saúde mental. Peça orientação ao seu sacerdote, médico, amigo ou parente — pessoas que poderão recomendar um profissional. Se preferir, fale com o Conselho Regional de Psicologia ou com uma instituição pública de saúde mental, que eles indicarão um psicólogo em sua localidade.

QUAL A DIFERENÇA ENTRE O DIABINHO INTERIOR E A VELHA ESPONTANEIDADE, PURA E SIMPLES?

A impulsividade é o que impele o diabinho, mas isso nem sempre caracteriza um comportamento endiabrado. A espontaneidade é o lado positivo da impulsividade. Por exemplo, quando você está a caminho de um cinema e decide, do nada, ir a um museu, isso é uma decisão impulsiva, espontânea, mas não é uma decisão do diabinho interior. Em contrapartida, se está a caminho da casa de sua namorada para se desculpar de alguma coisa e, de repente, muda de ideia e vai para um museu, isso sim é má-criação. A diferença é que, no primeiro exemplo, não há intenção específica de fazer algo que você tenha decidido ser a coisa "certa". A maneira como você usa seu tempo livre é uma questão de preferência; não existe certo ou errado nisso. No segundo exemplo, você decidiu fazer o que é correto (ou seja, pedir desculpas para sua namorada), mas, no último minuto, desistiu. Sente-se aliviado na hora, embora mais tarde fique decepcionado consigo mesmo. Essa decepção é um sinal de que o seu diabinho estava envolvido em sua decisão.

QUAL A DIFERENÇA ENTRE PREOCUPADO CONSIGO MESMO E EXCESSIVAMENTE PREOCUPADO CONSIGO MESMO?

Diferenciar a preocupação normal da preocupação excessiva narcisista é geralmente muito difícil. Se você lê um livro de autoajuda (como este), está excessivamente voltado para si mesmo? Se você decidir fazer um tratamento estético nos dentes, estará sendo narcisista? E no caso dos atletas com chances olímpicas, que treinam várias horas por dia e que precisam estar atentos às menores alterações no tônus muscular, no equilíbrio e na nutrição?

A princípio, querer melhorar a si próprio ou perseguir um objetivo pessoal não é narcisismo. Isso se torna narcisismo, entretanto, quando você se julga merecedor de atenção ou tratamento especiais. Caso tenha expectativas de que outras pessoas se adaptem à sua agenda, significa que você é excessivamente centrado em si mesmo. Por exemplo, suponha que decida frequentar uma academia depois do trabalho todos os dias e, portanto, não consiga chegar em casa antes das oito da noite. Sabendo que sua família está acostumada a jantar às seis da tarde, se insistir que o esperem, estará sendo egocêntrico. Exigir que todos se adaptem, de acordo com o que é conveniente para você, é característica de seu diabinho interior.

Não há nada de errado em querer se melhorar. Mas quando se fica obcecado por isso, perde-se a noção do que é importante. Conheço pessoas que fazem uma cirurgia plástica após a outra, redução ou aumento de mamas, lipoaspiração, implantes labiais de colágeno e injeções de botox para se livrar de linhas de expressão. Na realidade, elas não precisam de cirurgias. Não trabalham no cinema ou na TV, portanto, não estão sujeitas a avaliações minuciosas e críticas de uma indústria que exige perfeição física. São pessoas comuns, infelizes com suas aparências. As que fazem múltiplas cirurgias plásticas são tão preocupadas consigo mesmas, que até exageram na avaliação que fazem de seus "defeitos" físicos. Não me espanta que fiquem desapontadas quando a cirurgia não as livra das insatisfações emocionais.

Autocontemplação não é a mesma coisa que autorreflexão. Refletir sobre seu lugar no mundo e rever seu relacionamento com outras pessoas são preocupações normais e úteis. Mas dar importância ao que os outros fizeram a você ou fixar-se em suas insatisfações é contraproducente. É quando os pensamentos de seu diabinho narcisista trabalham contra você.

SINAIS DE QUE SEU DIABINHO ESTÁ NO CONTROLE

Há vários sinais ou indícios de que seu diabinho está no controle. Aqui estão os mais comuns.

Você se irrita com algo que mais tarde parece uma bobagem. Uma das situações mais comuns em que o sentimento de fúria irracional ocorre é quando você está no trânsito ou aguardando a vez numa fila. Nessas situações, o tempo passa muito devagar. Esperar um minuto até que o farol fique verde parece uma eternidade. Observar uma senhora à sua frente na fila procurando uma moeda, com lentidão, no fundo da bolsa pode lhe causar agonia. A maioria das pessoas apressadas se sente um pouco irritada ou impaciente, mas não necessariamente se descontrola com isso.

Se você percebe que está ficando nervoso ou que sua tensão corporal está aumentando, a ponto de quase explodir, e não faz coisa alguma para dar vazão a isso, é porque o seu diabinho está com as rédeas da situação. Se você tem dúvida de estar reagindo exagerada ou injustamente, pergunte a si mesmo se a maioria das pessoas reagiria da mesma maneira. Ou então, olhe à sua volta e observe como elas estão reagindo.

Você é cínico ou sarcástico. As pessoas cínicas geralmente se concentram no que é negativo. Elas não esperam que tudo fique bem. As que usam do sarcasmo dizem coisas que parecem inocentes, mas têm a intenção de machucar os outros. Se esse estilo o retrata, então o seu diabinho está sempre amuado. As pessoas até tentam animar você, mas você não deixa. Por algum motivo, o seu diabinho quer permanecer furioso.

Você está mergulhado em ressentimento ou inveja. É perfeitamente normal sentir-se ressentido, ter inveja ou ciúme. Mesmo que sejamos ensinados a não nos comparar com os outros, é da natureza humana esse tipo de comparação. As sociedades civilizadas dependem de regras sociais para manter o comportamento das pessoas dentro de certos limites aceitáveis. As crianças pequenas desenvolvem suas habilidades e outros comportamentos (tanto positivos quanto negativos), observando crianças mais velhas e comparando o seu comportamento com o de seus colegas. Quando você ouve que um jogador de futebol profissional chega a ganhar cem mil dólares ou mais por jogo, torna-se quase impossível não comparar esse valor com o seu modesto salário e deixar de sentir pelo menos uma pontada de inveja.

Contudo, se você gastar mais que alguns minutos com esse sentimento, estará dando amplo espaço ao seu diabinho. Se você se fixar nos ressentimentos e sentir pena de si mesmo porque outra pessoa consegue coisas mais facilmente, estará permitindo que seu diabinho o controle.

Você se sente ferido e se fixa nisso. Não é raro se sentir ofendido com palavras ou atitudes de alguém. Nós todos já passamos por isso. Situações desse tipo fazem com que seu diabinho se apegue a essa dor emocional, causada pelas distorções cognitivas, aumentando-a exageradamente. Suponha que um colega de trabalho tenha sido o único a levar crédito por um projeto em que vocês tenham trabalhado em conjunto. Essa situação é, no mínimo, frustrante e você até tem o direito de sentir-se traído. Mas, se você reclamar dessa frustração com sua mulher e com seus três melhores amigos na sala de bate-papo da internet, seu diabinho ganhará muito terreno com isso, e você se sentirá pior ainda.

Você guarda rancores. Se depois de ter sido desprezado, ignorado ou maltratado por alguém, você ainda fica com raiva durante muito tempo, isso significa que o seu diabinho o faz relembrar o acontecido, como numa gravação que se repete várias vezes. Se isso perdurar, mais justificativa você terá para continuar com raiva. As pessoas que guardam rancor às vezes dizem: "Eu consigo perdoar, mas não consigo esquecer". Quando pergunto a elas o que querem dizer com isso, a explicação revela que elas não perdoaram nada. Perdoar é colocar, de verdade, o rancor de lado. Quando você fica relembrando algo, o rancor conservado pelo diabinho é ativado.

Geralmente você trama uma revanche contra pessoas que nem sempre sabem que você se magoou. Esse tipo de pensamento é parecido com o de guardar rancor, como no exemplo anterior, mas com uma diferença: você planeja agir para descontar algo que tenha tomado como ofensa. Quando nutre-se raiva e planeja revidar, há um circuito fechado de informações em sua mente. Isto é, seus sentimentos e reações baseiam-se em suposições feitas anteriormente sobre a situação. Nesse tipo de circuito fechado não há maneiras de se verificar tais suposições. Aqui está um exemplo: uma de minhas clientes contou-me a experiência que teve quando o carro de um colega de trabalho ficou na oficina por vários dias para conserto. Ela se ofereceu para pegá-lo no caminho do trabalho e ele aceitou. Ele não se prontificou a ajudar a pagar o combustível. No final da semana, ele disse: "Meu carro fica pronto hoje. Não vou mais precisar de carona". Minha cliente ficou magoada, porque nem ao menos ele agradeceu sua ajuda, tampouco se ofereceu para pagar o combustível. Ela não disse nada, decidiu ignorar, mas o seu diabinho interior não ignorou a situação. Ele pensava na ingratidão e na falta de consideração do colega de trabalho. O dia todo sua mente ficava ocupada, imaginando as várias maneiras como ele poderia "pagar" por aquela ingratidão. Imagine o vexame quando ela chegou em casa, à noite, e encontrou um buquê de flores e um cartão de agradecimento, enviados pela pessoa a quem dera carona na semana anterior.

Você acaba se arrependendo do que disse ou do que fez. Isso acontece mais frequentemente por conta de comportamentos e hábitos que tenta controlar. Se, por exemplo, tem tentado controlar seu temperamento, vai se sentir mal, depois de um acesso de raiva. Se estiver tentando perder peso ou parar de fumar ou de beber, mas não resiste aos seus desejos, é o seu diabinho o responsável por você ter chegado a esse ponto.

Lembre-se que nem todas as pessoas que comem, bebem ou fumam muito o fazem por causa de seu diabinho. Se não se sentem culpadas por praticar esses atos, não é o diabinho que está agindo quando cedem. Mesmo as pessoas que estão tentando controlar seus hábitos, às vezes, se dão "permissão" antecipada para sair da linha, por exemplo, quando estão de férias. Quando não estão em situação de autocontrole, o diabinho não é um fator desencadeador.

Você acaba se arrependendo daquilo que não disse ou não fez. Quantas vezes já disse para si mesmo: "Preciso costurar o botão da minha camisa" ou "Eu preciso falar com o cara que vive estacionando na minha vaga"? Todos os dias, pessoas pensam em várias coisas que precisam ser feitas, mas acabam não fazendo. Isso é mera protelação. Prometem a si mesmas que farão algo, mas geralmente acabam encontrando uma desculpa para não fazer. O diabinho está em ação, provavelmente reclamando, lá no fundo da mente delas, que o esforço será muito grande ou, então, está tentando racionalizar para adiar a tarefa.

Você está sempre se sentindo nervoso e descontente. As pessoas que estão cronicamente insatisfeitas sentem-se vítimas. Elas responsabilizam as outras por seus problemas. Seus diabinhos interiores se recusam a reconhecer que elas mesmas contribuíram para sua própria infelicidade. Pense em um bebê irrequieto. Se é assim que você se sente na maior parte do tempo, o seu diabinho interior precisa ser controlado. Como mencionamos anteriormente, se você se sente tão infeliz a ponto de não conseguir tocar a vida, então esse estado mental extrapola a ação de seu pestinha. Nesse caso, provavelmente, precisa de ajuda profissional.

Você se sente culpado. Às vezes a culpa reflete a sua preocupação por ter machucado alguém. Seu diabinho não está envolvido nesse aspecto da culpa, mas, sim, na transgressão que antecedeu a culpa. Digamos que tenha traído a confiança de uma amiga. Mesmo antes que ela descubra, pode ser que você se sinta culpado, arrependido e isso o consumirá por um longo tempo.

Lembre-se que algumas pessoas se sentem culpadas fantasiosamente. Isto é, elas se sentem responsáveis por algo que não causaram. Em tais situações, é discutível se o diabinho estava envolvido ou não; o problema pode ser decorrente de outros fatores psicológicos.

Você não quer que ninguém saiba de algo que esteja fazendo. Exceto quando planeja uma festa surpresa, um acordo comercial ou outro evento que exija segredo, não há motivo para esconder certas atitudes, a menos que você se sinta culpado por elas ou saiba que são erradas. Se está comendo, bebendo ou fumando em segredo, você está sob o controle de seu diabinho. Se começa a roubar em lojas, dar desculpas ou praticar *voyerismo*, você está dando muita atenção ao seu diabinho.

Você frequentemente se decepciona com pessoas à sua volta. Se parece que todo mundo o decepciona ou que as pessoas não são confiáveis, então, ou só sai com pessoas ruins ou algo se passa com você, que o deixa sempre frustrado. Talvez sejam as expectativas irreais de seu diabinho interior, com relação ao jeito como gostaria de ser tratado e agradado por essas pessoas. Ou, talvez, isso se dê porque seu ego é inflado por sentir-se importante demais.

Você não tem amigos. Parece que ninguém gosta de você. Imagine uma criança resmungona queixando-se de que não tem amigos. Se você observá-la no parquinho, não a verá aproximar-se de outras crianças. Verá, sim, ela andando pelo local sozinha. Adultos que reclamam que não têm amigos agem de forma parecida. Eles não se aproximam de ninguém e, depois, questionam-se por que ninguém parece se interessar por eles.

Se você se sente assim, há duas possibilidades: ou você tem medo de se aproximar das pessoas, ou você acredita que não precisa buscar companhia. O diabinho é responsável por ambas as situações. Na primeira, seu medo é aumentado por ele. Nada terrível acontecerá se você for até alguém e começar a conversar, mesmo que ele tente convencê-lo de que você será tremendamente humilhado. Na segunda situação, seu diabinho está tentando agir com base no sentimento que ele tem, de se achar merecedor de privilégios. Ele diz para você: "As pessoas deveriam vir até mim, eu não deveria precisar implorar pela atenção delas".

Você reclama da injustiça das situações. Quem disse que a vida tem de ser justa? Não está escrito nos Dez Mandamentos, nem na Constituição dos Estados Unidos, ou em qualquer outro documento legal. Deve ser o seu diabinho interior quem exige que a vida seja justa. Implícita na frase "Não é justo", estão as expectativas: "você me deve", "eu mereço" e "tenho o direito de ser recompensado".

Essas expectativas possuem raízes genuínas na infância. Até certa altura da vida de uma criança, em torno dos oito ou nove anos, a justiça é uma questão importante. É nessa fase que a criança organiza seus próprios jogos e tenta jogar dentro de um conjunto de regras aceitas. Aqueles que não jogarem seguindo essas regras serão banidos. Ser justo também é reforçado pela família: os pais geralmente tentam dar os mesmos recursos e o mesmo tempo a cada um de seus filhos. Assim, se John ganha um pedaço de bolo, a Susie precisa ganhar um outro, exatamente do mesmo tamanho, senão, "não será justo".

Seria bom se o mundo funcionasse assim, mas ele não funciona. Seu diabinho não aprendeu que nem todos têm acesso às mesmas oportunidades e recompensas. Quando vê alguém ganhando mais do que você, ou quando você é pego ultrapassando os limites de velocidade, enquanto outros não, ele chafurda na autopiedade.

Você precisa justificar seu comportamento para você mesmo ou para alguém. Se alguém o questiona ou o acusa de ter feito algo, você pode ou não estar errado. Mas quando muitas pessoas o acusam da mesma coisa, então há uma grande chance de que realmente esteja errado. Se tem de justificar suas ações para muitas pessoas, então o seu diabinho o está tornando uma pessoa de difícil convivência. Talvez você esteja agindo de maneira egoísta e desrespeitosa.

Suponha, por exemplo, que, precise ser constantemente lembrado de arrumar as coisas em casa e, no trabalho, seja advertido por não guardar os materiais que utiliza. Suponha, ainda, que seus amigos reclamam que você sempre se atrasa. Então, você poderia indagar: "Por que está todo mundo pegando no meu pé?" Mas uma pergunta melhor seria: "De que forma o meu diabinho está me impedindo de ser atencioso?" Seu diabinho pode gostar de fugir do controle de outras pessoas, mas o preço que você paga são os constantes conflitos com elas.

Você se sente desprezado quando não é o centro das atenções. Alguns diabinhos querem tanto ser o centro das atenções, que mostram uma atitude hostil quando não o são. Conheço uma pessoa que solicita elogio de outras pessoas. Quando o foco está nela, ela é agradável e animada. Entretanto, quando outra pessoa é elogiada, ela torna-se quieta e mal-humorada. O diabinho dela, provavelmente, está lhe dizendo que não suporta deixar de ser notado.

Se ressente-se com a atenção dada aos outros, se sente-se ofendido por ninguém alegrá-lo quando estiver irritado, o seu diabinho é o responsável por tudo isso.

Você faz muitas críticas ou espalha fofocas sobre os outros. A maioria das pessoas que fazem críticas a outras está insatisfeita consigo mesma. Encontrar defeitos nos outros é uma maneira de encobrir o seu descontentamento. Pense na última vez que esteve de mau humor. Não importou se o tempo estava maravilhoso ou se o seu dia estava livre de estresse. Ainda assim, você encontrou algo para reclamar. Por outro lado, quando está de bom humor, nem mesmo uma tempestade é capaz de deixá-lo infeliz, tampouco um dia agitado consegue causar um impacto negativo. Quando está num estado de negatividade, você está sob influência de seu diabinho.

Esses exemplos não configuram a lista completa de todos os sinais demonstrativos de que esse pestinha está no comando. Seria impossível prever a reação de cada pessoa aos diversos tipos de situações. Mas você pôde ter uma ideia de quão astuto e universal o diabinho interior pode ser.

De um modo geral, ele representa uma combinação de seu egocentrismo com os impulsos comportamentais que você desaprovaria, se os visse em outras pessoas. É fácil enxergar o comportamento malcriado em outras pessoas, simplesmente porque você consegue ser mais lógico e objetivo em relação aos outros do que a si mesmo. Quando você não está perturbado emocionalmente, consegue ver a natureza irracional nas palavras e atitudes de outros. É muito mais difícil perceber seus próprios erros de julgamento quando está sob influência de seu diabinho interior. Quando ele está no comando, você fica focado demais nos seus desejos e sentimentos e não vê os fatos objetivamente. Ele rejeita a lógica e a razão. Seu diabinho interior reage mobilizado por emoções primitivas, mesmo que uma outra parte sua, mais racional, tenha um discernimento melhor. Se é tão difícil lidar com o seu diabinho, isso significa que você nunca conseguirá tê-lo sob controle? Não. Só porque é difícil enxergar o seu próprio diabinho, não significa que seja impossível identificá-lo. Primeiro, você só se dará conta dele depois que ele já assumiu o controle — depois de você ter gritado com seus filhos, depois de ter devorado o sorvete, ou depois de ter deixado de pagar as contas por mais um dia. Quando pensar de novo sobre o ocorrido, conseguirá ver que tudo aquilo foi resultado da ação de seu diabinho interior.

Depois que você se tornar hábil em identificar que tais pensamentos e comportamentos eram típicos desse pestinha, será capaz de percebê-los no momento em que estiverem ocorrendo. Com a prática, poderá evitar, já no início de algumas situações, que ele interfira.

Talvez você já esteja ciente dos pensamentos e comportamentos de seu diabinho. Já deve ter percebido que ter consciência de seu diabinho interior não significa, necessariamente, que será capaz de detê-lo. No próximo capítulo, você aprenderá quais condições e situações dificultam conseguir impedi-lo de agir. Essas condições dão ao seu diabinho uma enorme vantagem sobre a lógica que você usa.

11

Situações que favorecem a ação do diabinho interior – como se proteger

Agora você está ciente das ações potencialmente destrutivas de seu diabinho interior. Na busca pelo aumento do prazer e minimização do desconforto, ele pode sabotar suas melhores intenções de autocontrole. Com essa exigência narcisista pela satisfação imediata, ele pode vingar-se destrutivamente nos seus relacionamentos com outras pessoas. O diabinho interior é aquela parte primitiva e infantil de seu ser que nunca amadureceu, é um resquício de sua infância.

No capítulo anterior, apresentei os pensamentos, sentimentos e comportamentos típicos que refletem a ação desse pestinha. Guardar rancor, reclamar, reagir exageradamente, ter insatisfação contínua, entre outros indícios, devem servir-lhe de alerta de que o seu pestinha está ganhando terreno. Ao reconhecer essa força atuando em seu íntimo, você se torna capaz de intervir mentalmente para impedir a sua ação. Mas como já mencionei, nem sempre é fácil. Quando está numa luta acirrada com o seu diabinho interior, você até percebe que está sendo irracional, mas, como uma criança malcriada, ele protesta: "Não estou nem aí. Eu vou fazer isso, custe o que custar".

Eu mesma experimentei tais sentimentos em muitas situações. Quando frustrada com pequenas coisas que me incomodavam, tentei ser racional e disse a mim mesma: "Agora você sabe que está sendo impulsiva." "E daí?", respondi para mim mesma. "Não estou nem aí." Quando deixo algo para depois, sei exatamente o que está acontecendo comigo, psicologicamente, mas isso não me faz querer concluir a tarefa que tenho adiado por semanas. Mesmo sabendo o porquê de ter me comportado de uma determinada maneira, essa consciência não é o suficiente para modificar meu comportamento.

Se a percepção e o conhecimento fossem tudo que o precisássemos para nos transformar, todo mundo estaria beirando a perfeição. Com certeza, existem livros de autoajuda em quantidade suficiente, especialistas em desenvolvimento pessoal, consultores para executivos, terapeutas e outros conselheiros que podem nos dizer o que está errado e o porquê.

As pessoas querem mudar, mas não vão em frente. Vemos isso todos os anos, no dia 1º de janeiro, a data das grandes decisões para o Ano Novo. Na academia onde me exercito, todos os anos vejo uma multidão no mês de janeiro. As pessoas decidem, definitivamente, que vão entrar em forma. Lá por volta de meados de fevereiro, a multidão já se dissipou significativamente. Não há filas nos aparelhos de ginástica, não há mais falta de toalhas.

Uma quantidade maior de dietas tem início em 1º de janeiro, em comparação a qualquer outra época do ano. As pessoas também resolvem parar de fumar e beber. A maioria que toma decisões assim o faz após uma cuidadosa ponderação, tendo planejado com antecedência mudar seu comportamento. Poucos terão sucesso. Com todo esse bem-cuidado planejamento, esperam um índice muito maior de êxito.

Quando pergunto às pessoas por que elas não continuaram o programa de exercícios, geralmente dizem: "Eu não tive tempo". Quando pergunto por que elas continuam perdendo a cabeça, geralmente respondem: "Eu fui provocada, não pude evitar". Quando pergunto por que elas não pararam de beber ou de fumar, respondem: "Eu tentei, mas aconteceu algo e desisti".

Você nota um padrão nessas reações? Todas elas se referem a forças exteriores. Poucas pessoas responderiam honestamente: "Preferi sentar e assistir à TV do que fazer exercício", "Eu não consegui me controlar" ou "Eu fiquei com vontade de beber". Como descrevi no capítulo 3, temos a tendência de atribuir nossas fraquezas a fatores temporários e circunstanciais. Essas justificativas preservam a autoestima, mas não são necessariamente uma visão exata e real das coisas.

A maioria de nossas dificuldades em perseguir metas é ocasionada pela perda de autocontrole ou autodeterminação. Algumas pessoas chamam isso de falta de força de vontade — o que representa apenas uma parte do problema.

DETERMINAÇÃO

O que é determinação? Os dicionários definem essa palavra como autocontrole, decisão, disciplina e outros termos similares. Todos eles sugerem um senso de abnegação ou renúncia do tipo "eu não farei tal coisa", como, por exemplo, "Não cairei em tentação". Mesmo não sendo incorreta, essa definição omite um elemento importante. O que as pessoas fazem quando não cedem à tentação? O que elas fazem no lugar disso?

Psicólogos estudaram o que determina o autocontrole. Determinação envolve mudar as prioridades de suas tendências comportamentais. Em quase toda situação, há mais de uma escolha sobre o que fazer. Suponha, por exemplo, que você está em casa sozinho e, de repente, sente uma coceira terrível no braço. Você poderá escolher entre coçar, esfregar, bater ou ignorar. Provavelmente, você apenas coçará sem pensar muito. Mas digamos que a coceira aconteceu na hora que você carregava uma caixa pesada com itens frágeis. Você não coçaria de imediato. Primeiro, você colocaria a caixa no chão, ou, então, a levaria até o destino. Ou seja, enquanto carregaria a caixa, teria prioridades conflitantes: não deixar a caixa cair e aliviar a coceira. Você não conseguiria fazer as duas coisas simultaneamente, então precisaria escolher uma das duas.

O que você acaba fazendo, na maioria das situações, depende da tendência comportamental mais provável para o contexto. No exemplo, a coceira chama a sua atenção, o que torna o ato de coçar uma reação altamente provável, a menos que algo entre em competição com essa probabilidade. Nesse caso, é o desejo de não deixar a caixa cair. Então, proteger os itens frágeis torna-se uma prioridade maior do que se coçar, pelo menos temporariamente.

Suponha que a coceira fosse na sua virilha. Se estivesse em casa, não hesitaria em coçar o local. Mas, no elevador, com um estranho, você não coçaria. Então, provavelmente, se contorceria e tentaria pensar em alguma coisa para superar aquilo, até ficar sozinho. E, assim, sua vontade de coçar deixaria de ser um constrangimento para se tornar um alívio.

Determinação é a possibilidade de reconhecer as diferentes respostas viáveis a uma dada situação. Depois disso é que você faz uma escolha consciente para não fazer o que habitualmente faria. Em seguida, substitui aquele comportamento por uma resposta alternativa ainda aceitável. O objetivo é deixar de lado o desejo de gratificação imediata para conseguir algo mais adiante que o beneficie mais.

Veja este exemplo: suponha que você esteja cansado depois de um longo dia, mas há uma pilha de contas a pagar que você vem acumulando, que implicarão em multas e juros se não forem pagas até o dia seguinte. Geralmente, quando está cansado, sua escolha é não pagar as contas. Mas, se evitar as multas e os juros, isso se tornará prioridade e você terá ânimo para preencher os cheques. O comportamento mais provável — de relaxar — é superado por um menos provável, porém prioritário.

Digamos que alguém traga apetitosos biscoitos para o trabalho e o convide para comer alguns. Se você estiver tentando perder peso, terá pelo menos duas reações conflitantes. Uma, é claro, de satisfazer o seu gosto por doces; a outra, de poder caber naquele jeans antigo. Dependendo do que falar mais alto na hora, você comerá o apetitoso biscoito ou dirá: "Não, obrigado". A determinação entra em cena quando ajusta as prioridades mentalmente. Mesmo que os biscoitos tenham um aroma delicioso e você queira um — ou dois, ou cinco —, você se convence de que é mais importante caber na sua calça *jeans* dentro de algumas semanas do que comer um biscoito naquele minuto.

Assim, determinação não é simplesmente restrição. Ela envolve processos em que você considera ações alternativas e escolhe o que é melhor para você a longo prazo, mesmo que a outra opção seja mais atraente de imediato. Quando perde a determinação, você, na realidade, não "perde" nada, apenas opta por ceder ao seu desejo de prazer imediato ou de alívio, em vez de seguir seu plano com benefícios a longo prazo.

OBSTÁCULOS À MUDANÇA

Mesmo com as melhores intenções, nós frequentemente fazemos más escolhas. Quantas vezes você já prometeu a si mesmo que começaria sua dieta hoje, ou que começaria a trabalhar em seu imposto de renda naquela noite, e acabou desistindo de sua obrigação? Se isso ocorre com frequência, você precisa verificar não só o que seu diabinho está lhe dizendo interiormente, mas também que outras condições no ambiente, ou no seu próprio corpo, dificultam o controle de seus desejos.

Alguns desses fatores são descritos pelo psicólogo Roy Baumeister[14] e seus colegas, que realizaram pesquisas na área do autocontrole, explicando como e por que o perdemos. Por analogia, eles propuseram que o autocontrole funciona de modo semelhante a um músculo. Quando você se esforça fisicamente, como, por exemplo, mudando móveis de lugar o dia todo, fica cansado. No fim desse dia, provavelmente não sentirá vontade de jogar tênis. Da mesma forma, quando tenta controlar seu comportamento em um aspecto de sua vida, como resistir ao desejo de fumar, isso também consome energia — não física, mas mentalmente —, a mesma que usa para lidar com outros desafios.

O doutor Baumeister e seus colegas demonstraram esse fenômeno em vários experimentos laboratoriais. Por exemplo, pessoas sentadas diante de pratos repletos de chocolates e biscoitos recém-saídos do forno, mas alertadas para não comê-los, apresentaram pior rendimento na tarefa de montagem de quebra-cabeças, em comparação àquelas que não sofreram o mesmo tipo de restrição. As pessoas que foram tentadas pelos doces não persistiram por muito tempo nos quebra-cabeças. Era como se a energia mental delas tivesse se esgotado ao resistir às guloseimas.

É interessante perceber que controlar o desejo de pegar um doce teve um impacto negativo na atividade posterior, que não tinha nada a ver com comida. Isto é, quando você exercita o autocontrole em uma área de sua vida, pode não ter força suficiente para manter o controle em outras situações. Generalizando, nas situações do dia a dia, essa pesquisa sugere que se você exercer uma vigilância ativa quando estiver fazendo dieta, parando de fumar ou beber, "esgotará" algumas forças internas, o que o deixará em desvantagem para lidar com outros estressores. Essa perda de força explica o motivo pelo qual as pessoas ficam mais irritadas quando estão tentando parar de fumar ou perder peso. A vigilância e o autocontrole excessivos esgotam as suas forças ao controlar seus temperamentos.

A boa notícia é que — assim como os músculos —, quando você descansa por um tempo, sua força volta. Da mesma forma, o doutor Baumeister sugeriu que, com a prática, você conseguirá aumentar sua força e resistência, assim como uma pessoa que se exercite com pesos expandirá a força de seus músculos com exercícios regulares. Esse efeito será melhor explicado no próximo capítulo, mas examinaremos primeiro alguns fatores que acabam com a força que você precisa para lidar com o seu diabinho interior.

Fadiga.

É necessário muita energia para mudar. Lembre-se da última vez que você tentou perder peso, parar de fumar, parar de gastar dinheiro etc. Para começar, precisou monitorar o seu comportamento cuidadosamente. Você teve de prestar muita atenção aonde você ia e no que fazia ou deixava de fazer para garantir que não voltaria aos seus antigos padrões de comportamento. Isso pode ter sido exaustivo.

Não surpreende que as resoluções de Ano Novo comecem com tanta ambição e acabem tão abruptamente. As pessoas subestimam a energia necessária para exercitar o autocontrole. Quando se sentem esgotadas, desistem; assim o fariam se tentassem arrastar uma enorme rocha pela cidade.

Quando estamos mental ou fisicamente cansados, ficamos sem energia para controlar nossos impulsos. Essa fadiga nos torna mais vulneráveis à ação do pestinha. Considere a seguinte situação: a maioria das pessoas, em dieta, come mais durante a noite quando estão cansadas. A maioria dos crimes, por impulso, também ocorre à noite. Parece que a repressão sobre o comportamento tende a afrouxar à medida que o dia avança.

Para compreender como a fadiga permite que o seu diabinho floresça, considere como os pais exaustos reagem diante de uma criança choramingando. No supermercado, em uma sexta-feira à noite, observe os pais na fila do caixa — você pode ser um deles! Os que mostram sinais de cansaço em seus rostos cedem aos desejos de seus filhos resmungões, pois sentem-se fatigados demais pela longa semana e não querem lidar com a consequências de dizer um "não".

Considerado o princípio de que o seu diabinho interior age como uma criança resmungona, você tenderá a reagir a ele do mesmo jeito que um pai quando cede às exigências do filho, como no exemplo acima. Isto é, se está cansado, tem dificuldade de encontrar energia para dominar seus desejos de gratificação imediata.

Estresse.

O estresse acontece de diversas maneiras. Ele pode se originar de fatores externos ou internos. Os estressores externos incluem agenda sobrecarregada, barulho contínuo ou interrupções, doenças ou ferimentos, e grandes perdas, tais como desemprego, divórcio ou a morte de um ente querido. Situações como essas exigem grande capacidade de adaptação e enfrentamento, portanto elas esgotam sua energia.

Outra forma de estresse é aquela que vem de sua mente, como as preocupações. Quando você se preocupa com alguma coisa que ainda não aconteceu e que talvez nunca ocorra, você se sente apreensivo e, provavelmente, também experimenta tensão em alguma parte de seu corpo. Preocupar-se é um estressor interno que toma conta de seu ser como um todo.

A diferença entre um estressor externo, tal como um incêndio no seu quarto, e um estressor interno é que, com o externo, há uma ameaça ou estímulo real e objetivo imediato. Se você não tomar uma atitude em relação ao fogo, poderá morrer. Por outro lado, quando você se preocupa em viajar de avião, não há necessariamente qualquer perigo. Lembre-se da seção sobre raciocínio emocional no capítulo 9. A distorção cognitiva subentendida é "se tenho medo, deve haver perigo". Preocupar-se é um estressor imposto por nós mesmos. A ameaça vem não de uma situação objetiva verificável, mas de seus próprios pensamentos.

Em termos de efeitos no corpo, quase não há diferença entre um estressor interno e outro externo. Ou seja, preocupar-se com a possibilidade de ser atacado pode ser tão estressante quanto ver um agressor vindo em sua direção. Em ambas as situações, você se sente como se não tivesse controle; seu corpo reage com a produção dos hormônios do estresse e com outras reações de autodefesa, e sua mente concentra-se totalmente no problema imediato. Tais reações são remanescentes de tempos primitivos, quando nossos ancestrais tinham de estar preparados para lutar ou fugir de agressores rapidamente.

Assim sendo, mesmo quando você não se encontra sob uma ameaça física imediata, pode ainda estar sob o efeito do estresse que deriva de suas distorções cognitivas. Você sabe o quão extenuante esse estresse pode ser. Quando sua atenção e energia são drenadas pelo estresse, você fica com pouca resistência. Se simultaneamente tentar lidar com o seu diabinho interior, dificilmente conseguirá se sair bem.

Inércia.

Para o senso comum, a inércia se refere a algo que não está se movendo. Um exemplo que vem à mente é a inércia que me impede de levantar do sofá quando não quero fazer nada. Se recordar da aula de física na escola, lembrará que a definição técnica de inércia é "a tendência de permanecer no estado em que se encontra (em repouso)". Significa que, se você está sentado, é a lei da inércia ditando que deve permanecer sentado. Mas, se você está se movimentando, é a lei da inércia que o mantém se movendo. Portanto, se você está num carro que para abruptamente, continuará se movimentando para frente por um segundo ou mais; se não estiver usando cinto de segurança, poderá ser atirado contra o para-brisa.

Qual a relação disso com a inércia? Assim como é difícil evitar que você seja arremessado de um carro que para bruscamente, também é difícil conter o seu diabinho depois que ele entra em ação. Se você comeu um pedacinho de bolo, é muito difícil resistir à vontade de comer outro (a menos que algumas estratégias mentais, que descreverei no próximo capítulo, sejam utilizadas). Depois que sua boca começa a mastigar, seu diabinho interior quer que ela continue, mesmo depois de ordenar a si mesmo para parar. Além disso, quanto mais tempo ele seguir seus desejos, mais difícil será pará-lo. A perda da determinação deve-se à inércia psicológica. Ela é o princípio que fundamenta o comer e o beber em excesso, principalmente se você possui um comportamento de autocontrole baseado no tudo ou nada. "Que diabos", pode dizer para si mesmo. "Eu saí de minha dieta, agora não há mais nada que eu possa fazer."

O fenômeno bola de neve foi demonstrado, experimentalmente, pelos psicólogos C. P. Herman e D. Mack, em 1975[15]. Eles pediram aos participantes que não comessem antes do experimento. Primeiro, os pesquisadores deram um, dois ou três copos de *milk-shake*. Mais tarde, deram a eles duas tigelas de sorvete para o teste de sabor. A finalidade do experimento foi, inicialmente, mantida em segredo para os participantes. Embora pensassem que o objetivo era dar opinião sobre os sabores dos sorvetes, na realidade, o teste destinava-se a observar quantos sorvetes eles tomariam depois que se empanturrassem de *milk-shake*.

Quem você acha que tomou mais sorvete? Se você nunca fez dieta, deve achar que os participantes que tomaram apenas um *milk-shake* sorveram mais sorvetes, porque ainda estavam com fome. Isso foi o que aconteceu com os participantes que não se preocupavam com seu peso. Dentre aqueles que estavam de dieta, houve os que tomaram *três* copos de *milk-shake* e, depois, mais sorvetes (e não apenas um!). Quando apresento esse estudo para uma plateia, geralmente vejo muitas pessoas fazendo movimento de concordância com a cabeça, como se dissessem: "É, eu entendo isso".

Veja, não tem nada a ver com a fome. Quando você programa sua mente para *estar em dieta* ou *não estar em dieta*, assim que experimenta uma pequena porção de *milk-shake*, você sai da dieta e para de tentar se controlar.

A psicologia da inércia mantém você comendo depois de ter começado a comer. Vemos a inércia psicológica em ação, não só no ato de comer excessivamente, mas no beber, no jogar e no comprar. Especialmente quando as pessoas adotam uma abordagem de tudo ou nada para o autocontrole. Você provavelmente conhece pessoas que não param de beber após uma ou duas doses e ficam no bar até a hora de fechar. Os jogadores também se defrontam com uma inércia parecida. É necessária muita prudência para jogar, ainda que apenas um pouquinho. Os compradores compulsivos também têm problemas em parar de comprar um ou dois itens apenas. Eles podem até comprar apenas um ou dois itens por vez, mas suas mentes estão focadas na próxima compra. A inércia psicológica também ocorre durante acessos de raiva e gritaria. Depois que algumas pessoas começam a gritar, parecem não poder mais parar.

Atenção.

Para que você controle seu diabinho interior, primeiro você precisa ter consciência dele. Essa percepção requer que preste atenção nele. Você precisa saber do que ele está se queixando ou se lamuriando, o que está reivindicando (quando quer que você faça ou não faça alguma coisa) e assim por diante. É produtivo prestar atenção nesses processos mentais, porque a automonitoração é importante para se alcançar o autocontrole.

Frequentemente, entretanto, as pessoas prestam atenção às coisas erradas. Por exemplo, embora seja importante estar atento ao que o seu diabinho interior está lhe dizendo, não é bom dar a ele "muita corda", porque isso só aumentará a sua força. Quando dá muita atenção a ele, você perde a sua objetividade.

Pense numa situação em que você não conseguia tirar alguma coisa de sua mente. Pode ter sido uma canção que não parava de ecoar em sua cabeça, uma imagem de um cigarro ou de um suculento hambúrguer com queijo derretido. Ou, quem sabe, pensamentos de ciúme ou de vingança contra alguém que o traiu. O motivo desses pensamentos ficarem em sua mente é que você presta atenção neles. De certa forma, tal fixação é o diabinho trabalhando, pois se concentra naquilo que deseja e naquilo que gera culpa.

Poderia tentar dizer a você mesmo: "Bem, se isso o incomoda, pare, simplesmente, de pensar sobre o assunto. Pare de dar atenção a ele". Eu não sei com você, mas esse tipo de raciocínio nunca funcionou comigo ou com qualquer pessoa que conheço.

Em uma série de experimentos do psicólogo Daniel Wegner e de seus colegas, os participantes recebiam instruções para não pensar em um urso branco. Não foi por acaso que eles descobriram que, quanto mais as pessoas tentavam *não* pensar em um urso branco, mais eles acabavam pensando em um.[16]

Num experimento subsequente, realizado pelo psicólogo Mark Muraven e colaboradores, primeiramente instruiu-se que os participantes escrevessem seus pensamentos num pedaço de papel, para evitar que pensassem num urso branco. A seguir, exibiram aos participantes uma comédia em vídeo e avisaram que não poderiam rir ou demonstrar quaisquer outras emoções. Esses participantes tiveram mais dificuldade para controlar suas reações emocionais do que aqueles que receberam problemas de aritmética e aos quais não se fez qualquer menção a ursos brancos. Os resultados demonstram que tentar não pensar em algo (nesse caso, o urso branco) consome a força mental. Portanto, depois disso, não há força suficiente para reprimir as emoções.[17]

Em outro experimento, o doutor Muraven e seus colegas demonstraram uma observação sensata. Os participantes do estudo foram instruídos a tentar não pensar em ursos brancos e, depois, foram informados que teriam um teste de simulação ao volante, podendo ganhar um prêmio pelo bom desempenho. A outro grupo, nada foi dito inicialmente sobre ursos brancos. Antes de realizarem o teste, ambos os grupos tiveram a oportunidade de beber cerveja. Lembre-se que todos os participantes esperavam realizar um teste simulado de direção. Sabendo da ligação que há entre beber e guiar, era de se esperar que todos controlassem a quantidade de bebida ingerida. Entretanto, os participantes que tinham sido instruídos para reprimir seus pensamentos acabaram bebendo mais do que os do outro grupo. A energia mental deles havia se esgotado, de modo que mais tarde demonstraram menos controle sobre a ação de beber, mesmo sabendo que suas habilidades na direção seriam testadas.[18]

Embora esse tenha sido um teste de laboratório, ele teve implicações na vida real. Não é muito natural prever que, quando você tenta evitar certos pensamentos e ideias, torna-se menos apto a controlar o seu ato de beber, imediatamente após um esforço mental. Isso atribui um novo significado à frase: "Bebo para esquecer".

O que os estudos anteriores confirmam é algo que nós já conhecemos intuitivamente. Ou seja, quanto mais nos concentramos em controlar, menos controle temos. Quando você dirige sua atenção para não comer uma comida em particular que está na mesa, parece que sua vontade por ela aumenta. Quando tenta reunir todo seu autocontrole para não coçar uma coceira, parece que a coceira se intensifica ainda mais. Quando tenta esquecer dos antigos amores de sua esposa, as imagens surgem mais nitidamente. Além disso, essas tentativas de controlar sua atenção o deixam com menos energia para lidar com outros aspectos de sua vida.

Quanto mais prestar atenção em algo que esteja tentando evitar, menos sucesso terá em evitá-lo. Mesmo quando acha ter tido sucesso em tirar algo de sua mente, ainda está vulnerável a um efeito rebote.

Em seus experimentos sobre evitar pensar no "urso branco", o doutor Wegner descobriu que, após um período tentando não pensar nele, as pessoas, ao serem encorajadas a fazê-lo, pensaram muito mais em ursos do que haviam pensado anteriormente. Parece que tanto quando está obcecado por algo, como quando tenta não ficar aficionado, você esgota sua força mental.

Conforme a teoria sobre o diabinho interior, tentar não pensar em algo que está piscando em sua mente é o mesmo que pedir para ir contra ele. A criaturinha quer pensar em algo, enquanto você quer evitar. Esse conflito o coloca em uma batalha de forças, como quando discute com uma criança costumeiramente paparicada. Imagine a conversa com ela:

- Pare com isso.

- Não.

- Eu falei para parar com isso agora.

- Então venha me fazer parar.

- Eu estou falando sério. É melhor você parar agora mesmo.

- Eu não quero parar...

E assim por diante. Você pode observar como um diálogo assim é inútil.

Um aspecto importante da atenção é o direcionamento que damos a ela. Se prestar muita atenção num desconforto qualquer, perderá a noção dos seus objetivos atuais e futuros. Em outras palavras, se prestar muita atenção a um desejo, ignorará o motivo por que está em abstinência. Se der excessiva atenção ao quão nervoso está, não conseguirá pensar suficientemente nas consequências de tal estado. É por isso que algumas pessoas entram em brigas que acabam em cadeia. Elas têm suas mentes tão fixas em ficar em pé de igualdade com as pessoas que as insultaram, que não consideram a possibilidade de serem presas. (Esse raciocínio também pode explicar por que a pena de morte não é um impedimento eficaz contra os assassinatos.)

Estímulos situacionais.

Outro obstáculo que impede o controle sobre o seu diabinho interior é a chamada *associação mental*. Associamos certos estímulos do meio com

Situações que favorecem a ação do diabinho interior – como se proteger

alguns comportamentos. Algumas vezes eu brinco que estou em dieta de "ver comida"*. Quando vejo comida, eu a como. A disponibilidade de comida serve de sinal para comer. Todos nós respondemos a vários estímulos situacionais. É a forma mais eficaz. Você não precisa planejar e ponderar tanto suas ações. Se estiver dirigindo e se aproximar de um posto de gasolina, verificará seu tanque para ver se precisa enchê-lo. Quando passa por uma videolocadora, pode lembrar-se de devolver um vídeo que ainda está no prazo de devolução. Quando chega a sua casa e deixa a chave no contato, enquanto abre a porta do carro, um alarme dispara lembrando--o de retirá-la. Todos esses exemplos são estímulos situacionais úteis, que não provocam comportamentos potencialmente destrutivos.

Alguns fatores situacionais estimulam os maus hábitos. Por exemplo, os fumantes geralmente associam o fim de uma refeição com o ato de acender um cigarro, porque essa rotina já se tornou um hábito. Assim, para o fumante, a refeição não está completa até que ele fume seu cigarro. Outras pessoas associam entrar em casa com o ato de ir à cozinha e fazer um lanche, mesmo quando não estão com fome. Uma pessoa que está tentando parar de beber deveria ficar longe de bares e tabernas. Se você já passou muitas horas nesses lugares, então o simples fato de estar num bar aumenta o desejo de beber, porque esse é um comportamento associativo.

As associações mentais não apenas dão início a comportamentos, mas também despertam sentimentos. Você já notou os recentes comerciais de TV para automóveis? Muitos deles nem chegam a mostrar uma foto do carro. Eles mostram outras imagens, imagens que se associam a uma família feliz, um passeio interessante pelas montanhas, ou por uma rodovia tranquila. Cada uma dessas imagens desperta alguns sentimentos, e os fabricantes esperam que você os associe com a marca do veículo. Dessa forma, quando estiver comprando um carro esporte, estará mais propenso a escolher um que o faça sentir-se esportivo, do que outro com melhor torque.

Quando você vai à casa de sua mãe, há todo tipo de antigas lembranças associadas à sua infância, que são evocadas quando a visita. Elas o levam a se sentir com nove anos de idade novamente: seu velho quarto de criança, certas comidas e aromas, o estalar de um taco do assoalho

---

* NT: aqui a autora faz um trocadilho entre *see food* (ver comida) e *sea food* (frutos do mar).

quando você o pisa... Essas lembranças estão associadas às suas emoções. Algumas emoções são agradáveis, enquanto outras não. Dependendo do grau de harmonia em sua família, experimentará emoções predominantemente positivas ou negativas quando visitar sua velha casa. As lembranças e emoções desagradáveis desencadeiam aquelas reações típicas do diabinho interior.

A lição aqui é: se está tentando mudar seu comportamento ou sua reação em relação às coisas, será mais difícil se você não modificar também o ambiente. É importante reduzir o número de estímulos situacionais associados aos hábitos que você está tentando mudar. Os estímulos situacionais que desencadeiam hábitos antigos desencadeiam também resmungos e queixas de seu diabinho interior. Pense no que ocorre quando passa na frente de uma padaria a pé, de manhã. O cheiro é irresistível. Se o seu diabinho não estava pensando em um pão doce com canela, certamente exigirá um nesse momento. Se fizer um percurso diferente pela manhã, não terá de se deparar com o aroma convidativo da padaria. Essa é uma escolha que também ajudará a evitar o aparecimento de seu pestinha.

Mau humor.

Quando está deprimido ou triste, você tem mais dificuldade em reunir energia para lidar com o seu pestinha e vencer mais um dia. A ansiedade e a preocupação fazem você perder o controle e entrar num círculo vicioso. Quando você está de mau humor, gasta mais força mental tentando suportá-lo ou superá-lo. Por isso, a maioria das pessoas de mau humor é extremamente focada em si. A atenção em si mesmo estimula os pensamentos característicos do diabinho interior e piora ainda mais o mau humor.

"Com certeza, eu não consigo controlar o humor em que me encontro", é o que você provavelmente dirá. "Esses sentimentos simplesmente acontecem." Se você estiver lendo e prestando atenção ao conteúdo deste livro, colocará esses pensamentos de lado. Embora não possa evitar totalmente a tristeza, a preocupação, a raiva ou outras emoções negativas, você poderá controlá-las. Da mesma forma que pode mudar seus sentimentos, por imaginar as coisas piores do que são, ou por distorções cognitivas, você pode colocá-los novamente na dimensão real, utilizando processos alternativos de pensamento. Esses serão descritos no próximo capítulo.

Os sentimentos negativos, tais como a culpa por ter caído em tentação, podem levar a distorções cognitivas que enfatizam o fracasso. Por exemplo, se você estiver seguindo seu programa para perda de peso a semana toda e, no domingo à noite, comer um pedaço de bolo de sobremesa, poderá sentir-se imensamente culpado. Junto com a culpa, podem ocorrer pensamentos desencorajadores, tais como: "Eu sou um fracasso...", "Eu não consigo ir até o fim com isso" e outros mais. Esse estado de espírito, em contrapartida, muda suas expectativas sobre o que deveria ser capaz de realizar. Se antes do deslize você tinha expectativas de perder 10 kg, agora você não quer nem tentar. Seu diabinho interior acaba de vencer essa rodada.

Álcool e drogas.

Mesmo que você não tenha grandes problemas com bebidas ou drogas ilegais, quando você as utiliza, elas diminuem suas inibições. Você diz e faz coisas que não diria, nem faria, quando sóbrio. As drogas e o álcool geralmente afetam a parte do cérebro que é responsável pelo julgamento e discernimento. Quando suas inibições estão diminuídas, seu diabinho interior conta com muito mais espaço para fazer estragos.

Sintomas de abstinência.

Ao tentar se afastar de uma substância da qual se tornou dependente, você apresentará sintomas físicos de abstinência. Se decidir parar de fumar de maneira abrupta e repentina, sentirá um pouco de agitação e outras sensações, não somente de origem psicológica. O mesmo é verdade para o álcool, cafeína, açúcar e até mesmo para alguns medicamentos. Os sintomas físicos são desconfortáveis e comandam sua atenção. Como salientado anteriormente, o desconforto pode facilmente tirar sua atenção do motivo principal que o levou a parar de usar ou de ingerir uma substância. O diabinho interior pode, facilmente, ser afetado pelos sintomas de abstinência. Ele fará um barulho enorme em seu cérebro, gritando: "Eu não suporto isso! Faça isso passar! Dê-me só uma dose de droga" (nicotina, álcool, cafeína, açúcar etc.).

Pensamento do tipo tudo ou nada.

Eu disse anteriormente que alguém que está tentando parar de beber deveria ficar longe dos bares e não tomar nem um gole de álcool. Essa é a situação ideal. Mas adotar uma atitude de tudo ou nada não é uma boa ideia. Se você adotá-la, e depois der o primeiro gole, desistirá de tudo. Eu já vi pessoas que iniciam programas de exercícios. Elas dizem para si mesmas: "Vou me exercitar todos os dias." Um dia elas cedem ao seu diabinho e não se exercitam. E depois que quebraram a mágica da perfeição, param de se exercitar por completo.

Quando você inicia um programa para fazer mudanças positivas em sua vida, geralmente tende a ser fiel a ele. Claro que você não tem a intenção de fracassar. Se você adotar a política de "tolerância zero", então você ficará vulnerável a desistir de seus esforços ao menor deslize.

Muitos acreditam que aderir totalmente a um programa é a única maneira de se obter autocontrole. Essa era a filosofia inicial da indústria da dieta, que, há cinquenta anos, dava aos adeptos das dietas regras específicas sobre o que era permitido e o que era proibido. Adivinhem o resultado? Menos de 5% das pessoas que faziam as dietas tinham sucesso na perda de peso e em manter o peso. Hoje, programas como Vigilantes do Peso divulgam que não existem comidas proibidas. Você pode escolher o que vai comer. Se comer um pedaço de bolo, há regras para fazer ajustes de compensação. Embora o índice de sucesso não tenha melhorado muito, esses programas flexíveis atraem e mantêm mais clientes.

O grupo Alcoólicos Anônimos (AA) tem a política de tolerância zero. Ele promove a abstinência como a única resposta aos que possuem problemas com a bebida. Embora essa tentativa funcione para muitos, ela pode não ser necessária para todos. Há alguns grupos de pessoas que defendem beber moderadamente. O Gerenciamento de Moderação é um grupo de autoajuda para pessoas que querem parar de beber, mas não querem eliminar o álcool totalmente. Seus críticos dizem que a moderação não é possível. Como prova, citam o caso da fundadora do grupo, Audrey Kishline, que matou um homem e sua filha de 12 anos de idade recentemente ao dirigir bêbada. O que eles não contam para você é que, meses antes do acidente, ela havia saído do Gerenciamento de Moderação e passado para os Alcoólicos Anônimos, que creem na abstinência. Nesse caso, o acidente fatal ocorreu durante um período em que beber era proibido. Eu não sei se a intenção dela era ficar bêbada naquela noite ou não, mas o índice de álcool em seu sangue era de 0,26, bem longe do limite permitido por lei. Como membro do AA, ela deve ter se rendido à suposição de que havia "furado" sua abstinência e, assim, desistido de tentar controlar o alcoolismo.

Uma regra de tudo ou nada, de tolerância zero, quase sempre o coloca em conflito com o seu diabinho interior. A maioria das pessoas não gosta de sofrer restrições. Muitas das discussões sobre os direitos civis originam-se de casos em que algumas pessoas são taxadas de incapazes de fazerem algo. Algumas reclamações são legítimas enquanto outras são apenas infantilidades.

Prisioneiros que cumprem sentenças longas são conhecidos por entrarem com processos ridículos que lotam os tribunais. Essas pessoas já são privadas da maior parte de sua liberdade. Quando se sentem privadas de algo mais, enlouquecem. Por exemplo, na Inglaterra, um condenado que cumpria prisão perpétua processou a prisão porque não queriam deixá-lo utilizar seu cupom de desconto para comprar uma caixa de cereal. (Aliás, ele venceu. O governo teve de pagar a ele 35 centavos mais a fatura, em juízo, de 900 dólares.) Outro interno entrou com um processo quando perdeu o café da manhã por causa de uma reunião com o diretor do presídio. Nos Estados Unidos, prisioneiros já moveram processos por negarem ter passado sabão na corda, pasta de amendoim, entre outros.

Tais reclamações ridículas não estão limitadas aos prisioneiros. Alguns anos atrás, eu estava em um avião que voava para um destino qualquer, já há cerca de uma hora, e, imediatamente após a decolagem, o comissário de bordo anunciou que não seriam servidos amendoins naquele voo porque um dos passageiros tinha alergia a eles, e que até mesmo o cheiro poderia desencadear uma reação fatal. Os passageiros se opuseram a tal medida. Reclamaram de serem privados do aperitivo que haviam pago, alguns até ameaçaram queixar-se às autoridades sobre a decisão arbitrária, não comunicada previamente. Parecia até que tinham sido obrigados a amputar um membro.

Há milhares dessas histórias de comportamento malcriado e mimado. O que elas têm em comum é que as pessoas se ofendem por receber um "não". É isso o que os Alcoólicos Anônimos e outros programas similares dizem aos seus membros. Quando as pessoas estabelecem padrões absolutos para si, em que erros são tratados como crime pessoal grave, elas estão fadadas a experimentar a resistência de seu diabinho.

Falsas expectativas.

As expectativas estão relacionadas com o pensamento do tudo ou nada. Se você estabelecer falsas expectativas, vai se frustrar. Um dos exemplos mais comuns disso ocorre com as pessoas que fazem dietas. Os veículos de comunicação retratam o corpo feminino ideal como algo próximo a um esqueleto coberto com pele. Algumas modelos são naturalmente magras, mas a maioria impõe limites severos à ingestão de alimentos para permanecer magra. Algumas se tornam obcecadas pela comida porque estão sempre famintas.

Fazer dieta é uma preocupação nos Estados Unidos. Livros de dietas e programas para perda de peso apresentam fotos de modelos "antes" e "depois" da dieta, sugerindo que você também pode perder 36 kg, simplesmente bebendo um suplemento, tomando algumas pílulas ou frequentando certas reuniões de grupo. Só recentemente foi aprovada uma lei que exige que os programas de perda de peso imprimam uma nota advertindo que os modelos apresentados não representam casos típicos do programa. Em outras palavras, só porque você vê alguém reduzir seis números de seu manequim não quer dizer que você também alcançará resultado semelhante.

Essas advertências são geralmente impressas em letras bem pequenas. Mesmo assim, as mulheres ainda esperam conseguir vestir um manequim P. Existe expressiva documentação mostrando que, após cinco anos, apenas 5% das pessoas que fazem dieta conseguem manter significativa perda de peso. Embora você possa diminuir um ou dois tamanhos, se você sempre foi gordo, é improvável que se torne magro como uma tábua — a não ser, é claro, que você fique doente ou siga uma carreira profissional que o mate de fome.

Outra área em que as pessoas estabelecem falsas expectativas é na de exercícios físicos. Você deve estar familiarizado com os comerciais de TV que prometem que, se você comprar um certo aparelho ou equipamento, terá uma barriga chapada, quadris estreitos e cintura fina. Em trinta dias, após não atingir os resultados desejados que lhe prometeram, você se sente desestimulado e abandona tudo. Quando fica decepcionado por não conseguir os resultados esperados, começa a falar com você mesmo de uma forma negativa e perde a motivação para continuar. Quando o seu diabinho deseja uma barra de chocolate ou não quer se levantar para fazer exercícios, você fica mais propenso a ceder porque, afinal de contas, de que adianta tentar?

OBSTÁCULOS BIOLÓGICOS À MUDANÇA

Além de sermos influenciados pelo estado físico, estresse, estímulos situacionais e modelo mental contraproducente, temos também de chegar a um acordo quanto aos nossos limites genéticos e biológicos. Acredita-se no fato de que certos aspectos da personalidade sejam inatos, ou adquiridos na gestação ou logo depois. A seguir, apresentarei algumas características que favorecem a ação de seu diabinho interior.

Nível de atividade.

O nível de atividade varia de pessoa a pessoa. Alguns indivíduos são mais vigorosos e impulsivos. Há fortes evidências de que a impulsividade, pelo menos em parte, seja determinada geneticamente. Estudos com gêmeos idênticos, adotados e criados em casas separadas, mostram que, juntamente com outros traços de personalidade, o grau de impulsividade é mais semelhante entre ambos do que entre eles e os membros da família onde foram criados. Como os gêmeos têm o mesmo conjunto de genes, a semelhança entre eles é atribuída à hereditariedade.

Aqui vai um exemplo: suponhamos que você seja um gêmeo idêntico, que tenha sido criado por uma família e que seu irmão, cuja existência nem conhecia, tenha sido adotado por uma outra. Admitamos, ainda, que você seja animado e agitado e que sua família adotiva seja calma e tranquila. Embora os ame muito, você sempre se sentiria, de alguma forma, diferente deles. Se, trinta anos depois, você viesse a encontrar aquele irmão há tanto tempo perdido, notaria que, com relação à personalidade, se parece mais com ele do que com a sua família adotiva. Essa semelhança inclui o seu grau de impulsividade.

Se a impulsividade é herdada, significa que é impossível controlá-la? Não necessariamente. Os estudos com gêmeos demonstraram que a hereditariedade é responsável por apenas 50% da tendência de uma pessoa ser impulsiva. O ambiente é responsável pelo resto. No entanto, se você tem o hábito de ser espontâneo, você é uma daquelas pessoas que precisam aprender a prestar mais atenção às consequências de seu comportamento e aprender a desenvolver mais o controle.

Espero que essas notícias não coloquem o seu diabinho interior em ação, de modo que você comece a reclamar: "Mas isso não é justo". Não é questão de justiça; é uma questão de variação humana. Algumas pessoas são mais impulsivas do que outras, assim como algumas são mais altas, ou "dotadas", com seios mais fartos e pênis maiores. Esse é o pacote com que você veio ao mundo, por isso deve tirar o maior proveito dele.

Além do mais, a hereditariedade é apenas parcialmente responsável. O ambiente e a aprendizagem também contam. Mesmo que seja um indivíduo impulsivo, você tem opções a respeito de como direcionar o seu comportamento. Assim como uma pessoa de baixa estatura pode ter vida satisfatória, alguém com uma natureza impulsiva também pode tê-la. Pessoas baixinhas não podem fazer muito para mudar a estatura, enquanto que os impulsivos podem adquirir habilidades adicionais para lidar com a impulsividade. Tais habilidades serão discutidas no próximo capítulo.

Tenha em mente que nem toda impulsividade é contraproducente. O ponto central da impulsividade é a reação rápida. Se você é uma dessas pessoas que reage muito rapidamente, deve provavelmente se sair bem nas emergências. Quando avaliamos candidatos para o Corpo de Bombeiros local, procuramos pessoas que não precisam levar muito tempo para decidir. Imagine um bombeiro excessivamente ponderado, refletindo sobre a melhor decisão, avaliando os prós e os contras de entrar imediatamente em um edifício em chamas ou de esperar cinco minutos, ou, ainda, qual é o melhor ângulo para segurar a mangueira.

Esse tipo de atitude pode ser adequada para um encanador, mas, em situações de vida ou morte, eu quero alguém que aja imediatamente.

Excitabilidade.

Um outro fator biológico que pode dificultar o controle sobre seu diabinho é o seu nível de reatividade física ou excitabilidade. Algumas pessoas são naturalmente calmas, enquanto outras reagem mais intensamente. Por exemplo, uma pessoa que tem baixa reatividade não ficará tão transtornada ao ver que seu carro tem um pneu furado; nem ficará muito excitada ao saber que recebeu uma promoção. Por outro lado, um indivíduo excitável reage às menores frustrações como se fossem crises e às boas notícias com entusiasmo exagerado. Essas variações de reação nas pessoas não estão limitadas ao comportamento. São vistas também nas reações fisiológicas. Uma pessoa excitável mostra maior flutuação na frequência cardíaca, no suor e na pressão arterial do que alguém mais tranquilo.

Provavelmente, você já consegue identificar quais as pessoas que apresentam mais problemas com o diabinho: as excitáveis, evidentemente. Se você é desse tipo, então precisará monitorar seu diabinho com mais atenção do que seus amigos mais "relaxados".

Extroversão.

No capítulo 8, descrevi os estilos de personalidade — extrovertido e introvertido. Enquanto o extrovertido é mais expansivo e conversador, o introvertido é mais pensativo e reflexivo. Os extrovertidos costumam buscar mais estímulo. Colocam-se em situações em que podem reagir e interagir. As pessoas que buscam estímulos são mais propensas a assumir riscos e à espontaneidade, especialmente em situações sociais. Com mais frequência que os introvertidos, dizem coisas das quais se arrependem depois. Em outras palavras, seus diabinhos se expressam mais verbalmente.

Se você é extrovertido, talvez precise monitorar-se "mais de perto" quando ficar bravo, para que não diga algo que mais tarde desejaria não ter dito. Se você é, também, espontâneo fisicamente, talvez precise refrear seus impulsos para não colidir com pessoas ou coisas.

Implicações.

Neste capítulo, você aprendeu os vários obstáculos que interferem no controle eficaz de seu diabinho interior. Levando em conta tanto esses obstáculos, como também as influências sociais e culturais descritas anteriormente, não surpreende que não temos tido muito êxito em controlar nossos próprios diabinhos.

Quando queixas e reclamações egocêntricas não só são aceitas, mas também, às vezes, reforçadas pela sociedade, significa que as pessoas ainda não perceberam que mudar crenças e comportamentos traz muitos benefícios. Mesmo quando percebem, tornam-se facilmente desestimuladas pelas dificuldades aparentes.

Ao diminuir algumas das barreiras descritas neste capítulo, você aumentará as chances de lidar melhor com o seu pestinha. Talvez não consiga eliminar os obstáculos, mas saberá lidar com eles. Tenha em mente a "Oração da serenidade", escrita pelo falecido doutor Reinhold Neibuhr:

"Deus, dê-me serenidade
para aceitar as coisas que não posso mudar,
coragem para mudar as que posso
e sabedoria para distinguir a diferença entre ambas."

Agora que você já está equipado com "a sabedoria para distinguir a diferença entre ambas", veremos as ferramentas que o ajudarão a assumir o comando.

12

Estratégias para ajudá-lo a controlar o seu diabinho interior

té aqui, você já aprendeu que o diabinho interior é uma força poderosa dentro de você. É a parte primitiva de sua personalidade que busca satisfação imediata sem se importar com as consequências. Às vezes, você se torna tão dominado por ele, que é levado pelo impulso do momento. Seu pestinha é como uma criancinha mal-criada que mora nas profundezas de sua psique. Ele quer o que quer, e quer imediatamente. Assim como uma criança mimada se torna mais mimada quando seus pais cedem, quanto mais você sucumbir aos caprichos de seu diabinho, mais ele ganhará controle sobre você.

As pessoas que são governadas por seus diabinhos são imaturas, egocêntricas e impulsivas. Atribuem suas dificuldades aos outros e às situações. Reagem apenas ao que desejam ou ao que as irrita no momento. Muitas dessas pessoas sentem-se exasperadas e injustiçadas boa parte do tempo. Quem não se sentiria assim se acreditasse que nenhum de seus problemas, perdas e sofrimentos foram ocasionados por falhas próprias?

Se você acha que tem cedido ao seu diabinho mais do que deveria, conhece bem a sensação de que "gostaria de não ter feito isso". Mesmo quando diz a si mesmo "Nunca mais farei isso", acaba fazendo mesmo assim. A razão disso é que, como uma criança mimada, o seu pestinha não desiste facilmente. Seu único objetivo é satisfazer seus desejos e impulsos. Ao contrário de uma criança mimada, ele nunca cresce. Está sempre com você ao longo da vida. E, embora você possa se afastar de crianças malcriadas ou colocá-las de castigo, não pode se afastar de seu diabinho interior.

No entanto, você pode dar a ele um lugar de menor destaque. Pode aprender a ignorá-lo, a desafiá-lo e a lidar com o talzinho de um jeito que ele não conseguirá mais controlar a sua vida. As pessoas me dizem: "Falar é fácil, fazer é que difícil!" E estão certas. Domar o seu diabinho dá trabalho, exige esforço, mas vale a pena. Se pensar nas realizações de que mais se orgulha, verá que são as que você trabalhou mais arduamente. A autoestima se origina do empenho e do esforço pessoal.

É hora de parar de reclamar e de responsabilizar os outros. Você não é uma pobre vítima. Você é responsável por seus atos e por cada palavra que sai de sua boca. Embora não haja garantia de uma vida sem problemas, você tem certo grau de controle sobre como você a vivencia. Sua autoestima e seu relacionamento com outras pessoas podem melhorar imensamente quando você tem o domínio sobre o seu diabinho.

Portanto, se você está pronto para o trabalho, aqui estão as ferramentas. Lembre-se que o diabinho não é uma entidade física; não está localizado em algum lugar específico de sua mente, nem é identificável pela química cerebral. O diabinho interior é apenas um atalho para descrever aquela parte sua que é excessivamente concentrada em você mesmo, irracional e impulsiva. A razão para usar esse conceito é que ele o ajudará a enxergar-se mais objetivamente. E, também, você não precisará se lembrar de teorias e equações. Você sabe o que é uma criança mimada e o que está buscando, então não será tão difícil reconhecê-lo dentro de você.

O PROCESSO DOS TRÊS PASSOS

Para domar o seu diabinho, são necessários três passos: primeiro, é preciso acalmá-lo; depois, ouvir o que ele está "dizendo" e, em terceiro lugar, empregar uma ou mais estratégias mentais ou comportamentais. Essas estratégias baseiam-se em pesquisas científicas. Sabemos que elas funcionam pelo menos para algumas pessoas. Nenhuma estratégia funciona para todo mundo, e até as que parecem funcionar para você a maior parte do tempo nem sempre serão eficazes. Assim, é melhor armar-se com mais de uma ferramenta.

Primeiro passo: acalmar

Se você já tentou argumentar com uma criança que está tendo acesso de raiva, sabe que a lógica não funciona muito bem. Nessas ocasiões, se tentar começar uma discussão, só o que conseguirá é gritaria. O mesmo acontece com o seu diabinho. Ele grita na sua mente, sufocando os seus argumentos lógicos.

Veja o exemplo de Gail, uma mãe solteira de uma filha de onze anos. A cada jogo de futebol da filha, ela vê o pai da garota na arquibancada com sua nova esposa. Gail tem dificuldade para se concentrar no jogo, porque está furiosa com ele. "Como ele ousa trazer aquela vagabunda ao jogo da filha?!", interroga para si mesma. Daí em diante, os pensamentos de Gail voltam aos tempos de casada, para o caso que tinha com a mulher, que é hoje sua esposa. Gail ainda se sente traída e magoada. "Ele não tem o direito de estar aqui", pensa. "Direito algum, depois do que nos fez." Às vezes Gail interrompe esses pensamentos e tenta argumentar: "Já faz quatro anos que nos separamos. Pare com essa bobagem, supere isso". Mas seu diabinho não supera. Ele se recusa a livrar-se do ressentimento. Quando o jogo termina, Gail está tão aborrecida que nem sabe qual o resultado final.

O problema de Gail é que ela está tentando conversar de maneira sensata com seu diabinho, mas ele não é racional. Do mesmo modo que não é muito produtivo ter uma conversa racional com uma pessoa irracional, é inútil tentar ter uma discussão racional com o irracional, especialmente quando ele está agitado. Para conseguir que ele pelo menos ouça, você deve primeiro acalmá-lo. Dizer coisas a si mesmo do tipo "Pare de agir de maneira estúpida!" ou "Pare de ser infantil!" não o acalmará. Ao contrário, só intensificará a emoção negativa. É dessa maneira que você falaria com uma criança que chora, porque seu sorvete caiu no chão, ou porque não conseguiu montar as peças de Lego? Você poderia gritar com ela e, assim, "parar aquela choradeira tola", mas garanto que a criança chorará ainda mais alto se fizer isso. Um modo mais eficiente de lidar com essa situação seria, primeiro, dizer algumas palavras suaves para fazê-la parar de chorar. Depois você poderia ajudá-la a decidir o que fazer com aquele infortúnio. Procure agir da mesma maneira quando seu diabinho está nervoso. Primeiramente, ajude-o a se acalmar.

Embora falar calmamente ajude a aquietar uma criança chateada, nem sempre essa abordagem funciona com o diabinho, pelo menos não imediatamente. O que frequentemente o acalma, entretanto, é uma técnica simples de respiração. Gasta-se menos de um minuto para realizá-la.

Leia as instruções seguintes sobre respiração profunda e depois reserve um minuto para experimentá-la. É muito importante praticar essa técnica regularmente, pelo menos uma ou duas vezes por dia. Procedendo assim, você conquistará a habilidade necessária quando precisar. Considere essa prática como treino. Num certo sentido ela é, pois você está treinando para acalmar-se. A hora de praticar é quando você já se sente relativamente calmo. Você precisa aprender muito bem a dominar essa habilidade, de forma que possa ser utilizada a qualquer momento.

Para ilustrar como a prática prévia pode ser útil, vou dar-lhes um exemplo de minha própria experiência. Quando alugo um carro no aeroporto, geralmente estou ansiosa para chegar ao meu destino, portanto tento deixar o aeroporto o mais rápido possível. Um dia, quando dirigia um desses carros, começou a chover. Tentei acionar o limpador de para--brisa, mas a alavanca de acionamento não estava onde eu esperava. Nesse carro alugado, ela ficava num lugar diferente, e tive de tatear, de forma desajeitada, até encontrá-la. Em outras ocasiões, é como tentar encontrar os botões de volume e de mudança de estação do rádio enquanto dirige. Essas manobras não apenas foram desajeitadas, mas também impediram--me de manter olhos e mente focados no tráfego. (Sei que teria sido melhor parar no acostamento da estrada, mas eu era teimosa; isso era antes de ter consciência do meu diabinho). Agora você já tem uma ideia geral do assunto. Se eu tivesse me familiarizado com as alavancas antes de começar a dirigir o carro, minha viagem teria sido bem menos frustrante. Eu teria achado os controles na hora que precisava deles.

Da mesma forma, se você não praticar a técnica de respiração antes de precisar realmente usá-la, poderá pegar-se tateando freneticamente, tentando lembrar o que fazer e por onde começar. A seguir, as instruções:

1. Sente-se numa cadeira confortável, com os olhos fechados e as mãos numa posição relaxada.

2. Inspire vagarosamente, contando até quatro. Atente-se em contar apenas até quatro. Não inspire ofegantemente no "um" e depois prenda a respiração nos outros três números. Deixe que o peito se expanda gradualmente.

3. Expire vagarosamente contando até quatro. Faça sua expiração durar a contagem toda.

4. Conte para si mesmo durante a respiração. Contar ajuda a manter a mente concentrada em seu corpo. Adquirir o hábito de contar — um... dois... três... quatro... — permitirá desviá-lo de posteriores pensamentos negativos, possibilitando eliminar o mau humor desse pestinha em sua mente.

5. Repita a sequência inspiração/expiração mais três vezes.

Quando dominar bem esse exercício, você notará uma diminuição definitiva de pensamentos recorrentes e de sintomas físicos, bem como da ansiedade e da raiva. Vai se sentir mais focado e centrado. Essa técnica é semelhante à utilizada por atletas de grande excelência antes das competições, por atores de primeira linha, por artistas que têm medo do palco e por outros indivíduos que precisam adquirir concentração mental rapidamente.

Após praticar uma ou duas vezes por dia, estará pronto para quando o seu diabinho aparecer. Quando se sentir subitamente furioso, impaciente ou tentado a fazer algo que prometeu evitar, pare e respire. A essa altura, nem precisará mais de uma cadeira confortável. O importante é reservar um minuto para se acalmar. Eu sei que eles podem ser insistentes e reclamar urgência, mas até o mais detestável dos diabinhos pode esperar um minuto.

Segundo passo: ouvir

O próximo passo é ouvir cuidadosamente o que o seu diabinho interior está dizendo ou deduzindo. Talvez ele não esteja usando as palavras adequadas, mas a mensagem geralmente é bem clara. A maioria das pessoas não se pega a pensar na mensagem; age por reflexo, por impulso, que é exatamente o que o diabinho quer.

Para ouvi-lo, talvez seja necessário traduzir sentimentos e impressões em palavras. Por exemplo, quando alguém lhe passa um prato de doces, você pode pegar um doce sem pensar. Mas, se parar para analisar o que o induz a pegá-lo, notará uma sequência de eventos:

1. O prato de doces é passado para você. O surgimento dele é um estímulo situacional.

2. Você nota o doce.

3. O doce parece bom.

4. Você reconhece que, em algum grau de intensidade, quer um doce.

5. Seu cérebro dirige sua mão para o doce e você o coloca na boca.

Todos esses passos geralmente acontecem em menos de um segundo ou dois. Provavelmente, você nem mesmo tem consciência dessa sequência de pensamentos e movimentos. Entretanto, se parar e pensar no que está fazendo, seu diabinho perderá automaticamente o controle. É evidente que o seu eu racional tampouco está no controle. Olhar para o doce talvez provoque uma hesitação momentânea quando o prato lhe é passado. Talvez haja um pequeno dilema em andamento na sua cabeça: "Eu quero... mas não devo... mas parece tão bom..." A essa altura, você já está mais ciente das manipulações de seu diabinho. Ele é aquela voz dizendo: "Eu quero". Se você disser "não", ele pode lançar mão de uma racionalização, como "Vá em frente! Você não comeu sobremesa no almoço".

Você pode estar consciente ou não das ideias que flutuam em sua mente, mas elas estão lá. Ao aprender a prestar atenção nelas, poderá entendê-las melhor. E tem mais: quanto antes você prestar atenção, melhor, porque, conforme ressaltado no capítulo anterior, quanto mais você estiver mergulhado numa sequência de pensamentos ou comportamentos autodestrutivos, mais difícil será parar. Assim, no momento em que pega um doce do prato, você aumenta a probabilidade de que irá comê-lo, e talvez outros mais.

Depois que você se torna consciente da presença de seu diabinho, o próximo passo é perceber o que ele está dizendo. Ele pode estar utilizando a técnica simples de reivindicação — "Eu quero" — ou talvez esteja usando uma das distorções cognitivas (discutidas no capítulo 9). É também bem possível que ele esteja supondo que algo ou alguém "deva" comportar-se da maneira que você quer, ou talvez esteja exagerando o impacto negativo de uma situação. Pensamento do tudo ou nada, exagero, ênfase no negativo, generalização a partir de um único exemplo, raciocínio emocional e leitura da sorte são outras distorções cognitivas que seu pestinha usa. Ele pode também adotar máscaras de manipulação, conforme descrito no capítulo 8. Seu diabinho, que representa os impulsos egocêntricos e irracionais, usará o que for necessário para satisfazer os desejos dele e aliviar a raiva.

Se você acha que é muita coisa para se prestar atenção, isso não me surpreende. O seu diabinho mora no núcleo de sua personalidade. Ele tem influência penetrante em muitas áreas de sua vida. Você construiu anos de racionalização e de outras distorções cognitivas. Você desenvolveu o hábito de agir e de dizer coisas, sem levar em conta as consequências. Essa gama complexa é produto de seu diabinho interior.

Como dito anteriormente, será necessário esforço para recuperar o controle sobre ele. Mas, com prática, o trabalho não será tão extenuante. Pense na época em que aprendeu a dirigir. Lembra quantas coisas você tinha de lembrar? Por exemplo, quando via o semáforo virar vermelho ali na frente, você precisava começar a frear devagarzinho. Também precisava manter distância do carro à frente. Se aprendeu a dirigir num carro com câmbio manual, tinha que lembrar de pisar na embreagem e mudar de marcha ao mesmo tempo. Os estágios iniciais dessa aprendizagem podem ser bem puxados. Hoje, no entanto, você não pensa mais conscientemente naqueles passos todos. Você simplesmente os faz. O esforço é bem menor quando dirige hoje, do que quando estava aprendendo a dirigir. O mesmo se dá com a aprendizagem de lidar com o seu diabinho. Embora hoje lhe pareça um esforço enorme, com a prática será capaz de fazê-lo mais ou menos automaticamente.

Terceiro passo: assumir o controle

Assumir o controle sobre o seu diabinho é semelhante a ter o controle da situação com uma criança mimada. Gritar, ameaçar e brigar pode funcionar no momento, mas essas ações não evitam acessos de má-criação no futuro. Recorde que, como vimos no capítulo anterior, quanto mais você tenta reprimir os pensamentos, mais eles se consolidam, e eliminá-los de sua mente torna-se uma dificuldade crescente. Da mesma forma, quanto mais você tentar mandá-lo "calar a boca", mais intensamente ele reclamará.

Embora ele seja fundamentalmente ativo, normalmente não tem o controle total. O diabinho interior, o qual representa o seu eu narcisista e irracional, está em constante luta com o seu eu racional. Esse conflito é especialmente evidente quando você tenta resistir às tentações. Se prestar bem atenção aos diálogos que percorrem a sua mente nessas ocasiões, provavelmente notará que há uma luta de poder. Se você já travou essa luta com uma criança resmungona ou indisciplinada, sabe o quanto isso pode ser desgastante. A mesma coisa ocorre quando se confronta com a sua criaturinha interior. Brigas internas ou outras tentativas de se opor não eliminarão a luta pelo poder. Você se sentirá tão exausto que, no final, seu diabinho vencerá. A melhor maneira de controlá-lo é valer-se de um tratamento meigo, porém firme. Aqui vão algumas sugestões, começando com o que *não* se deve fazer:

- **Não discuta com seu diabinho.** Não pondere os prós e os contras. Quanto mais tempo debater com ele, mais chances terá de fazê-lo ceder.

- **Não visualize o que esse pestinha quer ou precisa.** Esse conselho aplica-se não somente à comida, fumo, álcool ou drogas, mas também às coisas materiais que ele insiste que deve ter. Se o seu pestinha estiver concentrado em pensamentos de ciúme e inveja, não gaste seu tempo imaginando cenas que só o farão se sentir pior.

- **Não trate o seu diabinho de igual para igual.** Ele não é seu semelhante. Você não tem de ouvir cada palavra ou pensamento dele. Muitas pessoas acham que, por terem começado a pensar em algo, devem concluir seu pensamento. Você não tem de fazer isso. Pode cortá-lo no meio.

- **Nem sempre confie em seus sentimentos.** Embora o *slogan* da psicologia pop durante as três últimas décadas fosse "confie em seus sentimentos", ele não se mostrou muito eficaz. Seu diabinho é altamente emocional e impulsivo. Confiar nos sentimentos, ao lidar com as tentações, a vingança e a procrastinação, simplesmente dá ao seu diabinho permissão para realizar os desejos dele.

A seguir o que você *deve* fazer:

- **Durma bem.** Lembre-se que a fadiga é uma das razões mais comuns para a perda de controle. Não subestime o poder de um bom descanso.

- **Tente reduzir o estresse.** No capítulo anterior, você leu que o estresse diminui as possibilidades de saber lidar com as dificuldades. Mantenha o mínimo de estresse situacional. Quando se perceber remoendo algo, lembre-se de que você possui recursos mentais limitados. Digo a meus clientes para imaginarem que eles têm o valor de um dólar de energia para gastar durante o dia. Quando começam a dar ênfase aos ressentimentos e outros pensamentos negativos, pergunto-lhes se vale a pena gastar cinquenta centavos nesses pensamentos ou se preferem economizar a energia para algo mais benéfico.

- **Faça mudanças no ambiente.** Lembre-se que estímulos situacionais podem provocar pensamentos, sentimentos e comportamentos típicos do diabinho. Portanto, se você quer perder peso, só manter os alimentos tentadores longe de casa não é o suficiente. Você deve mudar também a rotina alimentar, inclusive a hora e o lugar onde come. Por exemplo, se está acostumada a comer em frente à TV, mude o lugar onde senta; melhor ainda, não assista à TV. Evite entrar na cozinha. Se a sua tentação é o álcool, não vá a bares. Se quer gastar menos dinheiro, deixe os cartões de crédito em casa e leve apenas o dinheiro que pretende gastar. Se costuma brincar com jogos no computador quando deveria estar trabalhando, delete-os. Esses são alguns exemplos de como você pode promover algumas mudanças no ambiente para evitar que ele sabote os seus esforços.

- **Evite álcool e estimulantes.** O álcool interfere no autocontrole e os estimulantes podem torná-lo mais irritável. Eles podem favorecer a ação de seu diabinho, especialmente se você tiver problemas com a raiva e a frustração.

- **Tenha um plano específico não focado apenas no objetivo a ser alcançado, mas também no como e quando alcançá-lo.** As pesquisas mostram que você tem mais chances de alcançar um objetivo se tiver um plano específico. Visualize-se fazendo essas coisas numa certa data, num momento em que o seu diabinho não esteja em primeiro plano. Atenha-se ao seu plano, independentemente de como se sinta.

- **Use lembretes para manter o seu objetivo em destaque.** Um exemplo de lembrete utilizado por algumas pessoas é colocar a foto de uma pessoa gorda na geladeira para lembrar que não querem ficar daquele jeito. (Outras colocam a foto de uma pessoa magra para lembrar da aparência que querem ter.) Dessa forma, quando seu diabinho pedir um sorvete, a foto dará a você a oportunidade de hesitar, antes de abrir a porta da geladeira.

- **Dê um nome ao seu diabinho.** Algumas pessoas acham bobagem dar um nome ao diabinho. Afinal, essa entidade "diabinho interior" não existe de verdade. "Além do mais", eles me perguntam, "isso não vai me transformar numa personalidade dividida?" Não, não vai. O objetivo de dar um nome ao seu pestinha é designá-lo como algo separado de seu "eu" verdadeiro. Recorda-se de que anteriormente eu expliquei a dificuldade que as pessoas têm para reconhecer suas próprias deficiências, mas conseguem facilmente identificá-las nos outros? Dar a ele um nome é como fazer de conta que é uma outra pessoa. Ao ser tratado como menos importante que a essência de seu eu, fica mais fácil ver os problemas e lidar com eles mais eficazmente.

INTERVENÇÃO: O QUE FAZER

Primeiro, lembre-se que fundamentalmente *você* tem o controle, não o seu diabinho. Se sua sobrevivência imediata dependesse de resistir a uma tentação ou de conter a sua língua, você não cederia às exigências do seu diabinho. Embora resistir a ele mine a sua energia mental, ela não se esgota totalmente. Há sempre um pouco de reserva. Não se esqueça disso. Ao exercer o controle sobre seu comportamento, estará dominando o seu diabinho, o que, no final das contas, aumentará a sua força mental, da mesma forma que os exercícios físicos aumentam a força física. No futuro, portanto, fará menos esforço para alcançar o mesmo fim.

- **Trate seu diabinho como trataria uma criança mimada.** Em vez de discutir, tome uma decisão e aja imediatamente. Pense no que acontece quando você diz a uma criança mimada: "Pare. Dessa vez é para parar mesmo", mas efetivamente você não faz nada. Assim que perceber a manipulação de seu diabinho, aja imediatamente para mostrar que está realmente determinado. Essa ação consumirá energia, mas você não se arrependerá do esforço.

- **Visualize seu diabinho como uma criança malcriada de história em quadrinhos.** Isso o ajudará a enfatizar o fato de que seu diabinho não é uma força misteriosa, toda poderosa, mas simplesmente uma entidadezinha levada e imatura que precisa de rédeas.

- **Mantenha uma perspectiva realista.** Seu diabinho quer o que quer, e quer imediatamente. Você não está à mercê dele. Lembre-se: *você* decide o que e quando fazer; *você* está no comando. Diga que ele precisa esperar alguns minutos. Uma perspectiva realista implica objetividade. Embora seja difícil ser objetivo quando seu diabinho está disputando o controle, há algumas coisas que você pode fazer. Por exemplo, lembre-se de que, se você estiver aborrecido, é possível que tenha uma visão distorcida dos fatos. Reveja a situação que o está aborrecendo, mas, desta vez, preste atenção em todos os detalhes que puder.

Diga-os em voz alta ou escreva-os. Isso o forçará a notar aspectos que pode ter perdido antes e que podem ajudá-lo a colocar as coisas numa perspectiva mais realista.

- **Desvie a atenção de seu diabinho depois de acalmá-lo.** O que quero dizer com desviar a atenção de seu diabinho é que você não deve deixar sua mente vagar, mas, em vez disso, encontrar algo para fazer ou pensar que prenda sua atenção. Pesquisas mostram que quando sua atenção está ativamente envolvida em algo que goste ou ache estimulante, você não apresenta o "efeito rebote". Em outras palavras, não tente ignorar o seu diabinho porque essa tentativa mina a sua força mental. Distraia-se em vez disso. Há maior probabilidade de que a reivindicação de seu diabinho enfraqueça.

- **Imponha disciplina ao seu diabinho.** Disciplina não é a mesma coisa que punição ou privação. O significado real de disciplina é "treinamento que desenvolve o autocontrole". As crianças, inclusive as mimadas, sentem-se seguras com limites, embora nos testem periodicamente. Elas reagem bem a uma noção clara de até onde podem ir. Seu diabinho também testa os seus limites. Mas, se você for firme, consegue treinar as crianças e, igualmente, conseguirá treinar o seu diabinho interior a protestar menos.

- **Seja persistente e firme.** Crianças mimadas não mudam de tática depois de um único confronto. Geralmente são necessárias várias "lições" para que a criança malcriada aprenda a obedecer. Da mesma forma, são necessárias várias intervenções suas para colocá-lo sob controle. Dado o fato de que seu diabinho interior pode ter trinta, quarenta, cinquenta anos ou mais, o registro de velhos hábitos a serem revistos é bem grande. Tenha cuidado para não permitir muitas exceções do tipo "só mais esta vez". Na verdade, nos estágios iniciais, é melhor ser rigidamente firme, pelo menos por uma semana. Se você não for rígido, ficará com a impressão de que, se reclamar alto o bastante e por tempo suficiente, conseguirá o que quer e, consequentemente, os seus esforços aumentarão. Se você não for firme e persistente, acabará com um diabinho mais incontrolável do que antes.

- **Estabeleça normas para o seu diabinho.** A premissa básica é: completar uma atividade menos desejável para ganhar uma atividade mais desejável. Do mesmo modo que você diria a uma criança "Você pode assistir à TV *depois* que terminar a lição de casa", você pode dizer "Depois que for pagar as contas, poderá ler uma revista". Essa abordagem — "trabalho antes da diversão" — funciona bem especialmente com um diabinho que gosta de protelar.

INTERVENÇÃO: O QUE DIZER AO SEU DIABINHO

Na seção anterior, estão listadas as técnicas comportamentais que são eficazes para lidar com uma criança mimada e também com o seu diabinho interior. A seguir, apresentarei estratégias de como conversar com você mesmo e com o seu diabinho.

- **Use o humor.** O humor ajuda a diminuir a intensidade da força de seu diabinho. Suponha, por exemplo, que você esteja dirigindo atrás de um molenga e não possa mudar de faixa. Quando a tensão aumentar, primeiro se acalme. Depois, preste atenção às afirmações irracionais que ele está dizendo, como "Isso é horrível. Insuportável". Em vez de contestar tal crença, tente dizer a si mesmo: "É mesmo, é a pior coisa que já aconteceu a alguém. Nunca vou superar isso". O exagero bem-humorado dessa afirmação dará à situação a dimensão apropriada.

- **Pergunte-se: "Isso terá importância daqui a uma semana? Ou daqui a uma hora?"** Essa abordagem também ajuda a dar a devida dimensão da importância de um assunto, de modo que você não o achará tão urgente. Funciona especialmente bem em situações que são temporariamente frustrantes, como, por exemplo, esperar na fila, cair a ligação durante um telefonema ou lidar com pessoas irritadas. Lembre-se: não é porque algo parece urgente que é necessariamente importante.

- **Aja com o seu diabinho como se você fosse o pai dele.** Não é porque o seu diabinho fica bravo, fulo da vida, resmungão, que você precisa ceder a cada uma de suas queixas. Na verdade, uma técnica altamente eficaz é não discutir a queixa de jeito nenhum. Por exemplo, quando ele resmunga que quer algo, você pode reconhecer esse fato, mas dizer "Isto é o que eu decidi quando eu estava racional. Não é negociável neste momento". E continue repetindo isso para si mesmo.

- **Tome uma decisão.** Decida não só o que *fará*, mas também o que *não fará* em determinada situação. Esse compromisso é especialmente útil com diabinhos que ficam furiosos e com os que procrastinam. Após decidir o que não vai fazer, sentirá alívio. Aí, então, poderá concentrar sua atenção numa lista menor de opções, o que será muito menos desgastante.

- **Lembre-se de que você é mais forte que esse pestinha.** Praticamente não há impulso ao qual seja absolutamente impossível resistir. Mesmo tossir, que consideramos um reflexo, pode ser contido quando necessário. Se alguma vez já foi a um concerto, deve ter notado que, enquanto a orquestra está tocando, as pessoas raramente tossem. Mas assim que a música para, há uma seção de tossidas pelo auditório. O mesmo acontece em palestras e peças teatrais. Quando achar que seu diabinho exerce um forte domínio sobre você, lembre-se desse exemplo: você está no comando e deve dizer isso a ele.

- **Use afirmações que diminuam a dimensão do problema.** Essa abordagem geralmente só funciona depois de você ter acalmado o seu pestinha. Dizer coisas como "É só por alguns minutos", "Esta não é a primeira vez que você teve de fazer isso" ou "Você está quase chegando lá" ajuda a dar a devida dimensão ao problema e a acrescentar uma mensagem de encorajamento. Anos atrás, eu ficava aterrorizada quando ia ao dentista e demonstrava todo o meu medo na cadeira. Um dia fui a uma nova dentista. Ela não se condoeu com o meu drama de autopiedade. Em vez disso, olhou-me nos olhos e disse: "Sabe, isso não é nada. Você já deu à luz, não deu? Isso foi bem pior do que fazer limpeza nos dentes". Desde então, tornei-me bem menos mimada no consultório da dentista.

- **Pergunte a si mesmo: "Qual é a pior coisa que pode acontecer?"** Até articular essa pergunta a si mesmo, você tem apenas uma vaga sensação de que algo terrível vai acontecer, algo que não será capaz de lidar. Depois que você especificar o pior cenário possível, poderá escolher um curso de ação. Por exemplo, se seus filhos estão fazendo hora no domingo de manhã e você está atrasado para a igreja, é necessário gritar com eles? Qual a pior coisa que pode acontecer? Chegar atrasado. As pessoas vão olhar. Você vai se sentir em evidência, só isso — desagradável, mas não fatal. Há alguns anos (quando meus joelhos ainda estavam bons), planejei participar de uma corrida de 10 km. Era preciso inscrever-me antecipadamente, o que me deixou um pouco preocupada, porque havia possibilidade de chuva no dia da corrida. Quando entreguei meu formulário junto com os dez dólares, perguntei à mulher: "E se chover no dia?". Ela revirou os olhos, olhou-me com desdém e disse bruscamente: "Você vai se molhar". É claro que eu *sabia* daquilo, mas depois que me foi dito, não me pareceu tão ruim. Adotar uma atitude de "Não é um grande problema" tira o poder de seu diabinho.

- **Procure soluções em vez de reclamar dos problemas.** Quando você se concentra nas soluções, sente-se mais fortalecido e pode antever um fim para determinado problema. Em vez de sentir pena de si mesmo, em vez de se concentrar na raiva que sente de alguém, pergunte-se: "Quais são as minhas opções?", "O que posso fazer agora?". Faça um plano, diga a si mesmo; melhor ainda, escreva. Por exemplo, suponha que se candidatou a um emprego que queria muito, mas não foi contratado. Nessa situação, seria muito fácil ficar preso à sua decepção — cortesia de seu diabinho. Por outro lado, essa fixação negativa não o ajudará nem um pouco a encontrar um emprego satisfatório. Quais são as suas opções?

O que você pode fazer? Quando começar a mudar seu foco para planejar o futuro, vai se sentir mais otimista e menos injustiçado. Concentrar-se nas soluções ajudará a lidar com muitos tipos diferentes de situação, inclusive a frustração, o ressentimento prolongado, qualquer tipo de fracasso, ciúme e inveja. Ao pensar nas opções e planejar cursos específicos de ação, poderá não erradicar seus sentimentos negativos, mas certamente irá diminuí-los. Essas sugestões destacaram o que você pode fazer para controlar o seu diabinho. A ideia geral é a seguinte: Não faça tempestade em um copo d'água. Faça do limão uma limonada.

SUPERANDO DIFICULDADES

Agora vamos analisar a questão das atitudes e expectativas. Como apontado anteriormente, levará tempo para você se sentir mais no controle. E também às vezes será desconfortável. Esteja preparado para tolerar um nível mais alto de frustração e ansiedade. Quando as crianças ficam sujeitas à mudança de regras em casa, elas fazem um estardalhaço, que pode ser bem embaraçoso. Se os pais cederem durante essa fase, inadvertidamente ensinarão aos filhos que, se reclamarem bem alto e por bom tempo, poderão conseguir o que querem. Assim, exatamente aquele comportamento que os pais estão tentando minimizar, na verdade, vai se intensificar.

Ao mudar as regras para o seu diabinho, ele também tentará desafiá-lo. O desconforto, a raiva e outros sentimentos negativos que você sente podem, inicialmente, piorar. Mas é só por um tempo. É muito importante superar essa fase. Seu diabinho, que é muito orientado à gratificação imediata, não se importa com a vantagem a longo prazo de manter o autocontrole. Mas *você* se importa. Para obter esse benefício a longo prazo, precisará suportar esse desconforto a curto prazo. (Como minha mãe costumava dizer, enquanto desembaraçava meus cabelos compridos quando era pequena: "Se quer ficar bonita, tem de sofrer"). Não caia na armadilha de deixá-lo se queixar: "Eu não aguento isso". Você pode não gostar de algo, mas certamente conseguirá suportar.

Uma maneira de "suportar" é interpretar o seu desconforto como algo útil. Por exemplo, se está tentando perder peso e sente um oco no estômago, não precisa dizer a si mesma: "Eu tenho tanta, tanta fome". Em vez disso, tente dizer: "Ótimo, meu estômago está vazio. Isso significa que meu corpo está queimando gordura". Se sentir sua raiva aumentando, considere-a um desafio e não um impulso opressivo. Concentre-se em encarar o desafio. Se deseja desesperadamente largar o vício do cigarro, acolha os sintomas da abstinência. Isso significa que seu corpo está se desintoxicando.

REESTRUTURAÇÃO COGNITIVA

As estratégias precedentes fazem parte de um processo chamado *reestruturação cognitiva*. Ele consiste em olhar os problemas por um ângulo diferente. Esse processo é ilustrado naquela velha história do otimista e do pessimista, cada um numa cela de prisão, com um monte de estrume de cavalo num canto. Em suas rondas diárias, o guarda via o pessimista sentado num canto, com um pedaço de pano cobrindo seu nariz e boca para afastar o mau cheiro. Mas, sempre que passava pela cela do otimista, ele o via cavando o estrume com as mãos. No terceiro dia, o guarda não conseguiu mais conter a curiosidade. Ao chegar à cela do otimista, perguntou: "Por que você está cavando o estrume?". O otimista, ocupado demais para se virar, respondeu por sobre o ombro: "Com toda esta bosta aqui, deve haver um pônei dentro!". Assim, mesmo a mais abjeta das circunstâncias, pode ter uma implicação positiva se você cavar bastante.

O principal efeito da reestruturação cognitiva é que ela desarma o seu diabinho interior. Ela afasta a urgência e as exigências de seu eu mais profundo e irracional. Quando você para de interpretar as situações como horrorosas e terríveis, o diabinho retira-se para o segundo plano de sua mente. Talvez você ainda detecte sua presença, mas, a essa altura, ele terá muito pouco poder. As situações, agora, serão meramente desconfortáveis, inconvenientes, decepcionantes ou irritáveis. E tais sentimentos não são tão difíceis de enfrentar.

VALE A PENA TODO O ESFORÇO QUE ESSE PROCESSO EXIGE?

Você precisa entender o valor de dominar o seu diabinho interior. Mudar exige esforço e você geralmente não vê os resultados imediatamente. Mas, honestamente, você já conheceu alguém que tenha se arrependido de ter controle, tornar-se mais disciplinado e menos colérico? Quanto mais você praticar o controle sobre o seu diabinho, mais resiliente emocionalmente se tornará. Pequenas coisas não o perturbarão, pois será mais otimista e mais capaz de se refazer das adversidades.

Daniel Goleman, em seu livro *Inteligência emocional*, de 1997, lista as habilidades sociais e emocionais que contribuem para o sucesso de uma pessoa no trabalho, na vida familiar e em outros relacionamentos. Entre elas estão:

- Ter consciência dos sentimentos no momento em que eles ocorrem;
- Lidar com as emoções negativas de maneira apropriada;
- Ser capaz de se motivar para a realização, adiando a gratificação e reprimindo os impulsos;
- Apresentar empatia (ser capaz de enxergar as coisas pela perspectiva de outra pessoa);
- Demonstrar habilidades sociais.[19]

Ao assumir o controle de seu diabinho, você também dominará essas incumbências. Embora Goleman considere que você estará em permanente desvantagem se até a adolescência não desenvolver essas habilidades, outros pesquisadores têm mostrado que é, de fato, possível ensinar truques novos para um cachorro velho.

E OS RETROCESSOS?

Ninguém é 100% bem-sucedido no controle dos impulsos. Até as pessoas mais equilibradas têm acessos inapropriados. Até os mais disciplinados enforcarão uma noite de estudos ou farão algo de que se arrependerão depois. Espere um retrocesso ocasional, mas não permita que isso seja uma desculpa para você desistir. Se tiver vontade de desistir, lembre-se que é só o seu diabinho sussurrando: "Está vendo? Eu disse que era difícil demais. Agora me dê o que eu quero e caia fora". Ele pode ganhar umas rodadas, mas não precisa dominar o jogo.

AJUSTE AS SUAS EXPECTATIVAS

Sendo um produto da sociedade contemporânea, você é provavelmente influenciado pelo pensamento de se achar merecedor de privilégios — o que é tão comum hoje em dia. Não é nem um pouco saudável comprar a ideia de que lhe devem algo, porque essa noção o coloca no risco de sentir-se vítima.

A seguir, um trecho da "Bill of no rights" [Declaração de não direitos], escrita por Lewis Napper, em protesto às demandas do público americano por mais e mais serviços e aos direitos especiais do governo.

Artigo I

Você não tem direito a um carro novo, TV colorida de tela plana ou a qualquer outra forma de riqueza. Mais poder a você, se adquiri-los legalmente, mas ninguém garante nada.

Artigo II

Você não tem o direito de não ser ofendido. Este país é regido pela liberdade e isso significa liberdade para todos — não apenas para você! Você pode deixar a sala, mudar de canal, expressar uma opinião diferente, etc., mas o mundo é cheio de idiotas e provavelmente sempre será.

Artigo III

Você não tem o direito de estar livre de prejuízo. Se espetar uma chave de fenda no olho, aprenda a ter mais cuidado. Não espere que o fabricante deixe você e todos os seus parentes ricos e independentes.

Ao todo, há dez artigos. A declaração completa pode ser lida em seu *website* (*www.bServer.com*). Esse documento circulou dezenas de vezes na internet. As pessoas estão começando a reconhecer que o narcisismo exagerado e o sentimento de possuir direitos especiais ameaçam nosso senso comum.

Você não pode mudar o comportamento mimado das pessoas, mas possui controle sobre os seus próprios sentimentos, pensamentos e comportamentos malcriados. Você sabe o que os causa, o que os estimula, como identificá-los e o que fazer com eles.

No próximo capítulo, encontrará alguns exemplos de como lidar com problemas pessoais específicos.

13

Exemplos de soluções para os seus problemas

Este capítulo apresenta algumas situações típicas em que o diabinho tenta assumir o controle. Para cada situação, descrevo como ele pode estar envolvido e sugiro algumas soluções. Elas se baseiam no que foi colocado nos capítulos anteriores. Se você não leu o livro na sequência apresentada, poderá não estar familiarizado com alguns termos e conceitos. No entanto, conseguirá ter uma ideia geral do que estou apresentando.

O que vem a seguir não é um programa abrangente de autoajuda. As descrições não são diagnósticos. Como mencionei anteriormente, se você tem problemas constantes na vida, então provavelmente precisa de mais ajuda do que este livro pode fornecer, portanto deve procurar um profissional de saúde mental.

Algumas das próximas recomendações podem funcionar melhor do que outras. Você poderá descobrir outras estratégias não mencionadas neste livro. Espero que as sugestões ajudem-no a pensar criativamente, de modo que possa aplicar os princípios básicos às suas próprias circunstâncias. Poderá ser útil reler algumas seções anteriores, quando se aplicarem aos exemplos citados.

COMPORTAMENTOS RELACIONADOS AO VÍCIO

Tais comportamentos incluem não só o abuso do álcool, drogas e fumo, mas também o comer excessivo, o vício no jogo, a compra compulsiva, a obsessão sexual, o excesso de tempo gasto na internet, etc. Aqui não estou preocupada demais com a definição clínica de vício, que é, em si, controversa.

Quando as pessoas tentam superar seus vícios, defrontam-se com uma batalha de vontades. Uma parte delas quer parar, enquanto outra clama pela substância ou pelo comportamento vicioso. Essa segunda parte, é claro, é o diabinho interior. Ele exige gratificação imediata, enquanto o eu racional tenta manter um curso firme em direção aos objetivos de longo prazo.

Se o seu diabinho está fora de controle nesta esfera, saiba que você está lidando não apenas com desejos físicos, mas também com hábitos arraigados, disparados por vários estímulos situacionais. Esses fatores tornam difícil lidar com o pestinha. Como indicado no capítulo 11, resistir a esse tipo de coisa exaure a sua força mental. No entanto, esse esgotamento é temporário e, com a prática, a força aumenta novamente, como um músculo que é exercitado regularmente.

O mais importante, ao lidar com isso, é abordá-lo como prioridade máxima. Dessa forma, se você quer perder peso, parar de fumar ou beber, ou restringir as compras, deve encarar isso como um trabalho habitual de "meio período". Não precisa pensar nele a cada minuto, mas precisa estar vigilante às manipulações de seu diabinho. (Reveja o capítulo 10 sobre os sinais indicativos de que ele está assumindo o controle. Reveja o capítulo 11 para se recordar das condições que o fortalecem e minimize-as, especialmente a fadiga, o estresse e os estímulos ambientais).

Sempre que sentir uma tentação, espere o máximo que conseguir, para possibilitar que seu poder racional vença. Lembre-se de reinterpretar o seu desconforto como algo benéfico. Transforme a declaração "Não consigo aguentar" em "Ninguém morreu por se privar de um cigarro (biscoito, sexo ou um jogo de 21)". Pense em seu diabinho como uma praga persistente. Empenhe-se em se concentrar em alguma coisa por quinze minutos. É bem provável que ele se acalme.

RAIVA

Nem toda raiva é ruim. A raiva é uma emoção que tem a sua utilidade biológica na história do ser humano. É a emoção que impulsiona as pessoas a se defenderem de ataques físicos e a lutarem contra a injustiça. Mas há também o lado sombrio da raiva. A raiva crônica está associada a problemas de saúde, como: pressão alta, colesterol elevado e sistema imunológico enfraquecido. A raiva também interfere na capacidade de concentração, sem falar no ônus que incide sobre sua paciência e seus relacionamentos.

Nem toda raiva está relacionada ao diabinho. Há certamente situações em que a raiva é justificada, como quando você foi traído ou atacado. Nem toda raiva é intensa também. Pense na raiva, não como um fenômeno de tudo ou nada, mas como uma gama de sentimentos num *continuum*, variando de um aborrecimento leve até a fúria Ela surge quando um dos "alarmes emocionais" é disparado (descritos no capítulo 1).

O diabinho está envolvido quando você se enfurece com algo que objetivamente é apenas brando ou temporariamente irritante. A incidência crescente da fúria nas estradas encaixa-se nesse caso. Essa fúria tem atraído muito ultimamente a publicidade, como se fosse um problema "novo" neste nosso mundo apressado. Não é de jeito algum algo novo. Tal atitude nas estradas é apenas uma outra forma de acesso de raiva, embora potencialmente letal. Acessos de raiva existem desde o tempo do homem das cavernas. Variam de um "pavio curto" e agressões verbais até atos mais violentos, que podem incluir danos físicos ou destruição de bens. Você pode reconhecer isso no tipo explosivo (descrito no capítulo 8).

Se você não tem acessos de raiva, talvez passe muito tempo de mau humor e irritado. Esse comportamento, como já aprendeu anteriormente, é uma forma passiva-agressiva de raiva, mais do tipo contido. E pode causar tanto dano a um relacionamento como explosões de raiva. Embora os acessos de raiva sejam intensos, não duram muito. O mau humor passivo-agressivo, por sua vez, pode perdurar por dias, semanas ou meses. Conheço casais que ficam sem conversar um com o outro por semanas, porque um deles está "punindo" o outro. Acessos de raiva, entretanto, não são melhores do que longas guerras frias. As duas formas de expressar a raiva são destrutivas.

Se qualquer das descrições se parece com você, há duas possibilidades: primeiro, seu corpo e seu cérebro podem ser em geral mais reativos, de modo que você sinta as coisas mais intensamente. Segundo, você não desenvolveu a capacidade de lidar com a frustração. Naturalmente, se tem ambos os fatores trabalhando contra você, talvez tenha de trabalhar um pouco mais o seu autocontrole, do que alguém que não apresente a predisposição biológica. Mas é o único jeito. Seu mimadinho precisará de um gerenciamento mais efetivo e firme (mas lembre-se que a autoestima é fruto de um trabalho árduo).

Quando esse pestinha fica furioso, seu corpo todo reage. O seu estado de alerta físico aumenta porque a adrenalina e outros hormônios começam a ser liberados. Você se sente impelido a fazer alguma coisa. Em face de seu estado mental no momento, é melhor esperar pelo menos alguns minutos. Nessa ocasião, você pode respirar calmamente. A respiração profunda acalmará as sensações físicas da raiva. Lembre-se de contar até quatro para a inspiração e mais quatro para a expiração. O ato de contar o ajudará a se concentrar e desviar-se do que lhe causou a raiva. Não espere estar completamente calmo a essa altura. Isso seria impossível. Seu objetivo aqui é apenas "pisar nos freios" para poder pensar no que fazer a seguir.

Após acalmar-se um pouco, ouça o que o seu diabinho está lhe dizendo. Do mesmo jeito que acontece com os problemas de adição descritos antes, ele pode estar usando algum apelo do tipo "Não consigo suportar". Mas, provavelmente, os pensamentos relacionados ao modo como as coisas "deveriam" ou "não deveriam ser" são mais fortes. Uma outra queixa comum dele é: "Isso não é justo". Se a essa altura você não conseguir dominá-lo, estará sujeito a dizer ou fazer algo impulsivamente, de que se arrependerá mais tarde.

Não ignore a raiva, nem finja que ela não existe. Se tentar fazer isso, terá um conjunto de problemas adicionais para lidar. Não é nocivo vivenciar a raiva; alguns modos de lidar com ela é que são nocivos. Não me refiro aqui à noção psicanalítica de que se você não liberar a sua raiva ela se acumulará e aumentará, e você se transformará numa bomba ambulante. Essa teoria nunca foi comprovada. O que contribui para as explosões é a sua tendência de fixar-se no que o aborrece, de manter essas coisas vivas em sua mente e ampliar sua intensidade, fazendo tempestade em copo d'água.

Quanto às pessoas que dizem "Certo, eu fico de mau humor, mas depois que ponho para fora, fico bem", pode até ser que elas fiquem bem, mas os que estão ao redor certamente não. Se você é uma dessas pessoas, não tente anular os danos dizendo "São meus hormônios" ou "Não sei o que me deu". Agora, você já sabe que tais desculpas são apenas o seu diabinho tentando se eximir de responsabilidade. É melhor assumir o que disse ou fez e prometer trabalhar para evitar futuros incidentes.

Se você tem problemas com a raiva, a boa notícia é que você terá muitas oportunidades de praticar o autocontrole. Depois de ter se acalmado um pouco, de ter examinado os tipos de afirmação irracional e as queixas que ele está fazendo, há várias coisas que você poderá fazer. Estratégias úteis são: perguntar a si mesmo se isso terá importância depois de uma semana; tentar antever o pior cenário possível. Se você não estiver perturbado demais fisicamente, um pouco de humor poderá ajudá-lo. Se isso não for possível, tome a decisão de não fazer nada por enquanto. Essa pausa ajudará a evitar arrependimentos depois. Adiar sua reação pode significar perder uma grande oportunidade de repreender alguém no momento certo; mas se essa pessoa for uma peste, você terá oportunidades de fazer isso no futuro. Uma forma de não ficar remoendo a injustiça que lhe aconteceu é ter um plano. Tome uma decisão quanto ao que você vai fazer e também quanto ao que *não* vai fazer. Embora essa decisão possa não resolver o problema, encerrará o assunto por um tempo.

Lembre-se: pense em sua raiva como um pirralhinho mimado tendo um acesso de raiva. O que for eficaz para lidar com uma criança mimada na vida real, também funcionará com o seu diabinho interior. É importante lembrar que é *você* quem está no controle, e não ele.

Há uma expressão que diz: "Não fique com raiva; ajuste as contas". Embora essa expressão sugira que você não deva agir por impulso, não recomendo ajustar as contas, porque tramar sua vingança só esgotará seus recursos físicos e mentais, que poderiam ser melhor utilizados em outra coisa. No entanto, quando você para e pensa antes de agir impulsivamente, mantém as opções em aberto e dá um tempo para que o seu eu racional assuma o controle.

Tente essas técnicas por um mês. Se você achar que, mesmo monitorando de perto seu diabinho, não fez progressos, talvez precise de orientação profissional. Algumas pessoas acham que certos medicamentos são úteis, porque ajudam principalmente a acalmar. Mas, além disso, o aconselhamento irá ajudá-lo a aprender a lidar mais eficazmente com a sua raiva.

O "POBRE DE MIM"

Sentir pena de si mesmo reflete o seu diabinho em seu melhor papel de vítima. Quando você se sente vítima, basicamente se exime da responsabilidade do que lhe acontece. Essa atitude também implica, entretanto, que você considera a vida além do seu controle. Ser vítima coloca-o num círculo vicioso. Você detesta o que lhe acontece, mas acha que não há nada que possa fazer, o que o faz sentir-se ainda mais desacorçoado e ressentido.

Pensamentos característicos de quem se sente vítima incluem ciúme, inveja e autopiedade, além de sentimentos de sentir-se mártir. Quando o diabinho entrega-se a tais pensamentos, você fica preso na negatividade, no que *não tem* ou *não pode* fazer. Sente-se desvalorizado e desrespeitado. Ao se fixar nesse modelo mental, você estará tendencioso a rejeitar sugestões úteis, mesmo que elas façam sentido.

Em contraste à raiva contraproducente, que tem o efeito de fazê-lo sentir-se agitado, os pensamentos de autopiedade o fazem sentir-se esgotado. A técnica de relaxamento não é tão decisiva para diminuir seus sintomas físicos, mas ajuda a esfriar sua cabeça. Quando começar a sentir-se injustiçado, não se censure por achar-se tolo ou irracional. Como salientado antes, tal abordagem não funciona. Em vez disso, converse suavemente com você mesmo. Em seguida, ouça o que o seu diabinho está dizendo a você. É possível achar que suas conversas internas são sobre a pessoa da qual se ressente. Mas, se prestar atenção mais cuidadosamente, perceberá que têm muito a ver com você e com o que sente falta. Não ajudará nada concentrar-se no que o outro tem que você não tem. Sempre haverá alguém que tem mais ou menos que você. Os que têm mais não são, necessariamente, mais felizes, e os que têm menos não são, substancialmente, mais infelizes.

Os acontecimentos externos não o fazem sentir-se dessa maneira. É como você os interpreta.

Por exemplo, suponha que Dennis esteja bastante contente com o salário que recebe. Daí, ele fica sabendo que Lorraine, que entrou para a empresa mais ou menos na mesma época, ganha mais do que ele, principalmente em bônus. Repentinamente, Dennis não está mais satisfeito com seu salário; sente-se traído. O que aconteceu aqui? Antes de saber a renda de Lorraine, Dennis achava seu salário justo. Agora que percebeu a discrepância entre os dois rendimentos, interpreta seu contracheque de uma maneira diferente, negativa. Embora seus horários e deveres continuem os mesmos, ele está insatisfeito. Ele cria sua própria infelicidade, começando pela maneira como analisa a situação.

Vamos examinar o que o diabinho de Dennis está dizendo a ele. Primeiro, está reclamando que as coisas não são justas, que ele merece ganhar mais. Diz que sua carga horária de trabalho é igual a de Lorraine, porém mais até, porque às vezes comparece aos sábados para pôr o trabalho em dia. A seguir, seu diabinho interior queixa-se de todos os sacrifícios que fez pela empresa e que não o levou a lugar nenhum, segundo seu pestinha. Essa reflexão deixa Dennis desacorçoado. E continuará assim enquanto se fixar nos "direitos" que tem.

Se você, como Dennis, tem o hábito de sentir-se merecedor de direitos especiais, perderá a possibilidade de se sentir bem-sucedido. O sucesso depende de seus critérios. Se um filme rende quarenta milhões de dólares, isso significa que ele é um sucesso? Do ponto de vista financeiro, é. Mas significa que é um bom filme? Depende. Se o filme foi feito para uma plateia adolescente e você está na meia-idade, então talvez não o considere tão maravilhoso. Por outro lado, um filme menos rentável financeiramente, que tem um elenco e enredo que o atrai, pode ser considerado, por você, um sucesso.

De maneira semelhante, ao avaliar o seu sucesso, considere quais critérios são importantes. No ambiente profissional, sucesso é dinheiro, prestígio, flexibilidade ou são outros fatores? Em seus relacionamentos pessoais, você julga o sucesso pelo número de amigos que tem, pela profissão de seu companheiro ou pelo desempenho de seus filhos? Ou o conceitua conforme gostaria de ser lembrado? Dependendo dos critérios, poderá sentir-se feliz ou infeliz.

Nesta sociedade competitiva, há sempre a tendência de se comparar. Competição é a essência dos esportes, em que desempenhos são medidos em termos de número de pontos, de velocidade e de distância. Essas são todas as unidades definidas objetivamente. Como sabemos que Tiger Woods é um jogador de golfe tão bom? Para mim, seus movimentos são iguais aos de outros profissionais. Sei que ele é bom porque sua pontuação mostra isso. Mas a vida, normalmente, não conta com essas medidas tão simples de sucesso. Ela é bem mais do que simples estatística. Ao se comparar com outras pessoas num único aspecto, mais cedo ou mais tarde vai se sentir ressentido ou inseguro.

O ressentimento e a insegurança levam o seu diabinho interior a adotar uma atitude de reclamar e responsabilizar os outros. Você acabará investindo tanta energia ao sentir-se injustiçado, que sobrará pouco para o pensamento construtivo. Portanto, quando começar a sentir-se vítima e o seu pestinha der início a uma reclamação, concentre-se em fazer um plano. Provavelmente, você possui mais opções do que supõe. Por exemplo, se não gosta de seu trabalho, pode aprender a gostar de alguns aspectos dele ou trocar por um outro. Se, por uma razão ou outra, sentir que não pode mudar de emprego, pense novamente. Isso é realmente impossível ou você não quer diminuir o salário ou correr outros riscos? Digamos que você decida que é realmente impossível conseguir outro emprego. Nesse caso, você está paralisado. Imagine o que pode fazer para minimizar o impacto negativo do trabalho. É muito provável que isso envolva mudar algumas de suas suposições e expectativas. Para colocar essa nova perspectiva em foco, poderá beneficiar-se com algumas sessões de terapia, que poderão ajudá-lo tanto a identificar as fontes internas e externas de estresse, como a determinar o que fazer com elas.

AUTOSSABOTAGEM NA HORA DE AGIR

Tendências autodestrutivas ocorrem em situações em que a ênfase não está no impedimento de se fazer algo, mas, na realização de coisas que sabemos, de antemão, serem prejudiciais. O exemplo mais comum é a procrastinação. Sabemos que devemos cumprir determinada tarefa, mas por algum motivo a preterimos, deixando-a para fazer somente no último minuto — isso quando fazemos. A razão pela qual protelamos é a ansiedade: diante de uma tarefa importante, lá no fundo de nossa mente, tememos não sermos capazes de realizar um bom trabalho. Quando prometemos a nós mesmos que começaremos amanhã, ficamos livres da obrigação por ora, e isso nos proporciona certo alívio. Esse ciclo se repete muitas vezes (veja o capítulo 2 para saber mais sobre protelação). Outra razão pela qual adiamos é porque o nosso diabinho não gosta de se empenhar. Como ele é orientado para o prazer, tenta evitar tudo o que seja cansativo, difícil ou complicado. Em termos de probabilidades comportamentais (descritas no capítulo 11), o trabalho para o diabinho ocupa uma posição inferior na hierarquia de necessidades. Quando é hora de estudar, de trabalhar na declaração do imposto de renda, de consertar a maçaneta da porta ou outra tarefa nada divertida, ele o convence a fazer alguma outra coisa.

Para quando seu diabinho tentar assumir o controle, aqui vai o que fazer: acima de tudo, *não* entre em nenhum tipo de negociação. Isto é, não prometa fazer mais tarde, não peça por um prazo maior, não espere ficar "com vontade". O fato de ter considerado realizar a tarefa no momento presente demonstra que você sabe que ela tem de ser feita, e que você, certamente, arrumaria tempo para fazê-la de qualquer forma, porque realmente considera-a imprescindível. (Para provar que é verdade, você não encontra sempre tempo quando o prazo final está se esgotando?)

A seguir, relembre quem está no comando: *você* está, não ele. Então, *aja* como se estivesse no comando. Você vai ser comandado por um fedelhinho? Só se decidir que "sim". Depois que se empenhou em começar, esteja preparado para sentir um pouco de hesitação ou ansiedade, principalmente diante de uma tarefa importante. Essa hesitação é normal e reflete a incerteza de ser capaz de realizar um bom trabalho. Na verdade, essa dúvida é a principal razão pela qual você vem evitando a tarefa.

Se não conseguir ignorar o desconforto, use a reestruturação cognitiva para dar uma interpretação menos negativa a ele. Por exemplo, você pode dizer a si mesmo: "Claro que eu não quero fazer isso. Se eu quisesse, agora já teria terminado. Se evitar novamente, vou me arrepender mais tarde. Não importa a dificuldade, com certeza não me arrependerei de ter tentado". Depois comprometa-se a trabalhar nisso por quinze minutos. Você provavelmente descobrirá que, depois de quinze minutos, sua ansiedade diminuiu e conseguirá continuar por mais quinze minutos e assim por diante.

Tanto para tarefas complexas como para as simples (tais como guardar algo, pregar um botão, dar um telefonema etc.), você pode usar a estratégia das contingências. Isto é, "recompensar-se" com alguma atividade prazerosa, após ter completado a tarefa. Você pode, por exemplo, dizer a si mesmo: "Depois de pagar essas contas, poderei ler uma revista". Essa técnica é a mesma utilizada pelos pais para que seus filhos completem a lição de casa. As crianças que só podem ver TV após terminada a lição são mais eficientes para terminá-la do que as que não recebem tal restrição. Ao usar essa estratégia, poderá surpreender-se com a eficácia dela. O bônus é o alívio que sente, quando a obrigação não está mais pairando sobre você.

As estratégias descritas aqui também se aplicam a outros comportamentos autossabotadores, tais como fazer exercícios físicos, submeter-se a *checkups* médicos e conversar com alguém sobre algo desagradável, mas importante. O principal objetivo é acabar com as desculpas e reclamações de seu diabinho.

De certo modo, os comportamentos autossabotadores não são tão difíceis de superar como alguns provocados pelo desejo e pela raiva. É necessário despender mais força mental para impedi-lo de fazer algo do que para forçá-lo a executar alguma coisa. Por exemplo, quando você está cansado e sente vontade de beber um copo de vinho, mas resiste ao impulso, acaba por não se sentir tão bem. Por outro lado, quando está cansado e se força a caminhar, geralmente se sente melhor.

Portanto, se você está tentando decidir por onde começar a domar o seu diabinho, mas não tem certeza se terá energia suficiente, escolha algo como a procrastinação ou fazer exercícios. Você sentirá os benefícios imediatamente. E começando assim poderá continuar trabalhando a raiva ou os comportamentos aditivos. Não importa por onde você comece. Como diz aquele *slogan* da Nike: "*Just do it*" [Faça!]. Você não se arrependerá.

Conclusão

Se você se identificou com muitos dos exemplos deste livro, saiba que não é o único. Esses exemplos representam os tipos comuns de problemas que a maioria das pessoas tem. Em meus 27 anos como psicóloga clínica, ouvi histórias semelhantes dia após dia. A situação de cada pessoa é única, mas a natureza humana é universal. O controle de impulsos é um problema que data dos tempos bíblicos e, provavelmente, estará conosco por muitas gerações vindouras.

Espero que este livro tenha proporcionado a você algum conhecimento de como a sua mente funciona. Seu diabinho interior, que faz parte de sua mente, tem o potencial para sabotar seus melhores esforços, mas seu lado racional está bem equipado para manter um equilíbrio saudável.

Você nunca terá controle total sobre seus impulsos — pelo menos, espero que não —, porque o lado positivo da impulsividade é a espontaneidade e a criatividade. Por essa razão, deve manter uma janela aberta aos seus caprichos e impulsos. Naturalmente, alguns de característica contraproducente também entrarão. No entanto, agora que você já conta com algumas ferramentas para lidar com eles, poderá minimizar seu impacto negativo. Você não mais precisará se sentir à mercê de seu diabinho interior.

Agradecimentos

G ostaria de agradecer a Cynthia Bank, editora, pelo entusiasmo e liderança com que conduziu a publicação deste livro. À sua equipe e especialmente a Julie Steigerwadt, Carol Franks e Marvin Moore, que deram sugestões úteis e fizeram perguntas instigantes, estimulando-me a pensar e a exprimir ideias com mais precisão.

A meus estimados colegas: Roy Baumeister, Ph.D.; Albert Ellis, Ph.D.; Stephen Ragusea, Ph.D.; Myrna Shure, Ph.D. e Edward Zuckman, Ph.D., que despenderam tempo de suas já apertadas agendas para rever os manuscritos. Fico imensamente grata pelos conhecimentos que compartilharam e comentários que fizeram.

Agradeço também ao meu marido Tom e às minhas filhas, Janis e Denise. Eles leram vários rascunhos iniciais, quase sem reclamar, e deram várias opiniões — algumas delas valiosas contribuições.

A meus assistentes Ronda Engle e Esme Goodsir, que cuidaram dos serviços administrativos com a habitual dedicação, o que possibilitou concentrar-me efetivamente na redação deste livro.

A Kevin Lang da *Bedford Bookwoods*, que viu potencial no título do livro e me estimulou a desenvolver essas ideias. A Paullete Lee, que me ajudou a iniciar, decididamente, a busca por uma editora.

Finalmente, gostaria de agradecer aos clientes com quem trabalhei ao longo desses anos. Eles me ensinaram muito a respeito da força do espírito humano e de sua capacidade de triunfar até sobre o mais obstinado dos diabinhos.

Notas e referências bibliográficas

Jack Trimpey, *Rational recovery: the new cure for substance addiction* (New York: Pocket Books, 1996).

John Leo, *Two steps ahead of the thought police* (New York: Simon & Shuster, 1994), p. 50.

A "Defesa Twinkie" se refere a um caso de assassinato, em que o Supervisor Municipal de São Francisco, Dan White, escalou a janela da Prefeitura, atirando e matando o prefeito George Moscone e o supervisor municipal Harvey Milk. No julgamento, um psiquiatra chamado pela defesa atestou que White havia agido sob uma condição de capacidade mental alterada, em razão de uma depressão exacerbada pelo consumo de comida de má qualidade. Ao contrário do que a mídia relatou, afirmando que o psiquiatra havia alegado que esse tipo de comida causara a depressão de White, na verdade o que ele disse foi que o recente hábito de White ingerir porcariadas era um reflexo de sua depressão. [NT: E o nome "Twinkie" é a marca de um bolinho com recheio doce, que é um exemplo típico de comida de valor nutricional discutível.]

Charles L. Whitfield, *Healing the child within* (Deerfield Beach, Fl.: Health Communications, 1987).

Ibid.

William Shakespeare, *Hamlet*, Ato II.

Trimpey, *Rational recovery.*

Lawrence H. Diller, *Running on Ritalin: a physician reflects on children, society and performance in a pill* (New York: Bantam Doubleday Dell, 1998).

Daniel P. Goleman, *Emotional intelligence: why it can matter more than IQ for character, health and lifelong achievement* (New York:

Bantam Books, 1997).

Christopher Lasch, *The culture of narcissism: American life in an age of diminishing expectations* (New York: W. W. Norton, 1979).

The Guardian, 29 de fevereiro de 2000.

Robert Bly, *The sibling society* (New York: Rondom House, Vintage Books, 1997).

David Burns, *Feeling good: the new mood therapy* (New York: William Morrow, 1980).

Roy F. Baumeister; Todd F. Heatherton; e Dianne M. Tice, *Losing control: how and why people fail at self-regulation* (San Diego, Calif.: Academic Press, 1994). Conferir também M. Muraven e R. Baumeister, "Self-regulation and depletion of limited resources: does self-control resemble a muscle?", *Psychological Bulletin*, 126, nº 2 (2000), pp. 247-259.

C. P. Herman e D. Mack, "Restrained and unrestrained eating", *Journal of Personality*, 43 (1975), pp. 647-660.

Daniel M. Wegner; D. J. Shneider; S. R. Carter III; e L. White, "Paradoxal effects of thought suppression", *Journal of Personality and Social Psychology*, 58 (1987), pp. 409-418.

Mark Muraven; Dianne M. Tice; e Roy Baumeister, "Self-control as limited resource: regulatory depletion patterns", *Journal of Personality and Social Psychology*, 74 (1998), pp. 774-789.

Mark Muraven; R. L. Collins; e K. Nienhaus, "Self-control and alcohol restraint: a test of the self-control strength model". (manuscrito não publicado)

Goleman, *Emotional intelligence.*

Inspirações para sua alma
VIDA & CONSCIÊNCIA
EDITORA

ATITUDE
Luiz Gasparetto

O livro revoluciona nossa postura diante da vida, convidando-nos a uma reflexão que projeta um dinamismo cheio de novas realidades. Reorganiza a visão do que somos, ampliando a confiança e o valor que podemos dar a nós mesmos.

CATEGORIA: Desenvolvimento Pessoal
PÁGINAS: 148
ACABAMENTO: Brochura
ISBN: 858-58-7217-9

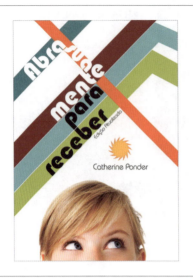
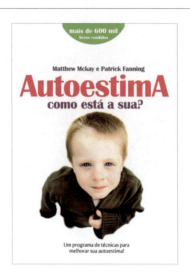

Abra sua mente para receber
Catherine Ponder

Este livro é mais um clássico de Catherine Ponder. Ele revela as leis de abundância que ajudam o leitor a encontrar, com precisão, a fonte para abrir as comportas da prosperidade. A escrita simples, porém vibrante e envolvente, de Catherine Ponder auxiliará você a fazer mudanças positivas em sua vida. A autora assegura que qualquer um pode tirar grande proveito da obra embalado numa leitura leve e agradável, que poderá mudar, definitivamente, a vida para melhor!

Autoestima
Matthew Mckay e Patrick Fanning

Com mais de 600 mil exemplares vendidos no exterior, este livro é um clássico sobre como construir e manter uma autoestima saudável. É um tratado de como lidar com o mundo interior, de modo a acabar com as rejeiçõcs que bloqueiam nossa vida. Leva-nos a perceber, sentir e fazer ajustes necessários para melhorarmos nosso padrão mental.

CATEGORIA: Desenvolvimento Pessoal
PÁGINAS: 135
ACABAMENTO: Brochura
ISBN: 978-85-7722-118-9

CATEGORIA: Desenvolvimento Pessoal
PÁGINAS: 248
ACABAMENTO: Brochura
ISBN: 978-85-7722-100-4

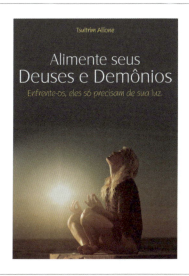

Alimente seus Deuses e Demônios
Tsultrim Allione

Aprenda a lidar com as forças que ameaçam derrotá-lo, usando as ferramentas corretas para conseguir a paz interior. Uma sabedoria antiga, adaptada para solucionar conflitos internos da atualidade, é apresentada como um método poderoso para transformar emoções negativas em energia de libertação.

O livro da realização
Marc Allen

Como usar as habilidades mentais e físicas para criar riqueza e sucesso? Neste livro, Marc Allen afirma que tudo está dentro de cada um. Somos os criadores dos nossos problemas e sucessos, temos o poder de mudar e transformar nossa vida, tornando-nos completamente realizados.

CATEGORIA: Desenvolvimento Pessoal
PÁGINAS: 264
ACABAMENTO: Brochura
ISBN: 978-85-7722-143-1

CATEGORIA: Desenvolvimento Pessoal
PÁGINAS: 144
ACABAMENTO: Brochura
ISBN: 978-85-7722-062-5

A SOLUÇÃO
Peggy McColl

Como posso fazer a vida trabalhar a meu favor? Como posso acabar com meu desconforto e sofrimento? Perguntas como essas são o primeiro passo para uma jornada de conhecimento. Elas abrirão seu coração para um mundo de possibilidades e tornarão a vida mais feliz.

CATEGORIA: Desenvolvimento Pessoal
PÁGINAS: 144
ACABAMENTO: Brochura
ISBN: 978-85-7722-115-8

Cure pensamentos tóxicos
Sandra Ingerman

Ao utilizar teorias dos alquimistas e métodos antigos de cura de diferentes culturas, o livro nos ensina a lidar com as necessidades atuais e a nos proteger de qualquer ambiente hostil, curando nossos pensamentos tóxicos e nos libertando de ideias alheias, negativas.

CATEGORIA: Metafísica Moderna
PÁGINAS: 144
ACABAMENTO: Brochura
ISBN: 978-85-7722-031-1

Desenvolvimento Pessoal

GUIA DO VERDADEIRO MILIONÁRIO
Barbel e Manfred Mohr

DE DERROTADA A PODEROSA
Eli Davidson

DESENVOLVA SEUS MÚSCULOS
FINANCEIROS
Joan Sotkin

O LIVRO DA ABUNDÂNCIA
John Randolph Price

ALFABETIZAÇÃO AFETIVA
Lousanne de Lucca

AMPLITUDE 1 — VOCÊ ESTÁ
ONDE SE PÕE
Luiz Gasparetto

AMPLITUDE 2 — VOCÊ É SEU CARRO
Luiz Gasparetto

AMPLITUDE 3 — A VIDA LHE
TRATA COMO VOCÊ SE TRATA
Luiz Gasparetto

AMPLITUDE 4 — A CORAGEM DE SE VER
Luiz Gasparetto

FAÇA DAR CERTO
Luiz Gasparetto

PARA VIVER SEM SOFRER
Luiz Gasparetto

PROSPERIDADE PROFISSIONAL
Luiz Gasparetto

"SE LIGUE" EM VOCÊ
Luiz Gasparetto

SUCESSO PARA UM PREGUIÇOSO
Marc Allen

Metafísica Moderna

SABEDORIA DO CORAÇÃO
Barbel e Manfred Mohr

PSICOLOGIA NOVA
Charles Haanel

A EVOLUÇÃO DE DEUS
Chris Griscom

SONHOS E TRANSCENDÊNCIA
Chrisina Donnell

FOGO SAGRADO
Emani Fornari

CALUNGA — FIQUE COM A LUZ
Luiz Gasparetto

Metafísica Moderna

Calunga — tudo pelo melhor
Luiz Gasparetto

Calunga — um dedinho de prosa
Luiz Gasparetto

Calunga –— verdades do espírito
Luiz Gasparetto

Conserto para uma alma só
Luiz Gasparetto

Revelação da Luz e das Sombras
Luiz Gasparetto e Lúcio Morigi

A nova metafísica
Maria Aparecida Martins

Conexão
Maria Aparecida Martins

Mediunidade e auto estima
Maria Aparecida Martins

Alma livre
Michel A. Singer

O poder da alma
Nikki de Carteret

Jornada xamânica
Sandra Ingerman

Resgate da alma
Sandra Ingerman

Deus sem religião
Sankara Saranam

Xamã urbano
Serge Kahili King

Metafísica da saúde 1
Valcapelli e Gasparetto

Metafísica da saúde 2
Valcapelli e Gasparetto

Metafísica da saúde 3
Valcapelli e Gasparetto

Metafísica da saúde 4
Valcapelli e Gasparetto

Desenvolvimento Pessoal

Livros que mostram caminhos na busca de reflexões sobre o comportamento humano. Ajudam o leitor a encontrar alternativas para uma vida melhor. São títulos nacionais e estrangeiros de autores como Luiz Gasparetto, Joan Sotkin, Eli Davidson, entre outros.

Metafísica Moderna

Para quem gosta de temas relacionados à saúde do corpo físico e mental. Com uma linguagem didática, os livros dessa categoria oferecem uma abordagem que objetiva descondicionar a nossa visão de nós mesmos e da vida, ampliando a autoconfiança e a lucidez. Tem como autores Valcapelli, Luiz Gasparetto, Sandra Ingerman e outros.

Inspire-se com outras categorias em nosso site:
WWW.VIDAECONSCIENCIA.COM.BR

INFORMAÇÕES E VENDAS:

Rua Agostinho Gomes, 2312
Ipiranga • CEP 04206-001
São Paulo • SP • Brasil
Fone / Fax: (11) 3577-3200 / 3577-3201
E-mail: editora@vidaeconsciencia.com.br
Site: www.vidaeconsciencia.com.br